la casa frente al mar

LA CASA FRENTE AL MAR

Edición 2005

Autor: Pilar Chueca
Editor: Carles Broto
Coordinador Editorial: Jacobo Krauel
Diseño gráfico y producción: Dimitris Kottas
Texto: contribución de los arquitectos, editados por Amber Ockrassa y
Marta Rojals; traducidos por Marta Rojals

© Carles Broto i Comerma
Jonqueres, 10, 1-5
08003 Barcelona, Spain
Tel.: +34 93 301 21 99
 Fax: +34-93-301 00 21
E-mail: info@linksbooks.net
www. linksbooks.net

ISBN: 84-96263-33-9

la casa frente al mar

INTRODUCCIÓN

Ante la irresistible y sugerente llamada del agua, el hombre ha tenido por costumbre buscar emplazamientos en los que asentarse que resultaran próximos a este medio. El mar ha sido una de las principales y más ricas fuentes de recursos, un elemento a partir del cual los diferentes pueblos y culturas del planeta han articulado y desarrollado sus vidas.

En la actualidad, el mundo acuático se presenta también como el marco ideal en el que pasar unas agradables vacaciones o en el que llevar una apacible vida junto a un paisaje que mantiene un estrecho diálogo con los individuos. El agua sirve como un elemento tranquilizador y al mismo tiempo es algo incontrolable que implica inmensidad y variación, hace de espejo multiplicando el paisaje, ilumina los espacios con sus reflejos y aporta una innumerable gama de matices que otorgan a sus admiradores una intensa variedad de sensaciones.

En este libro se muestran algunos de los proyectos que, repartidos por las diferentes costas del planeta, han volcado todos sus esfuerzos para concebir una elegante arquitectura, adecuada a este entorno y capaz de transmitir a sus habitantes el confort y la seguridad necesarios para llevar a cabo esa sugerente interacción con la naturaleza. Mares y océanos acogen a estas obras singulares sin que por ello se vea dañada su idílica imagen de paraíso natural. El respeto por el medioambiente y el miedo a un desafortunado impacto visual, son, afortunadamente, factores cada vez más influyentes a la hora de construir edificios que pretendan ser algo más que un simple espacio habitable. Estas obras son para muchos la vivienda siempre soñada, el refugio al que poder acudir lejos del ajetreado estilo de vida contemporáneo. Unas viviendas que juegan con los espacios para sacar provecho de su emplazamiento y que dialogan con el interior y el exterior del edificio logrando a menudo fundir los dos conceptos en uno solo. La utilización de materiales adecuados y resistentes capaces de soportar la violencia latente del agua, la disposición de elementos o estructuras que proporcionen refrescantes sombras para soportar los calurosos días de verano, la incorporación de piscinas como elementos que benefician tanto a sus usuarios como a la propia vivienda, o la cuidadosa selección de los colores y texturas de sus fachadas, son algunos de los aspectos sobre los que los arquitectos que aparecen en esta recopilación parecen poner más énfasis. Cada uno a su estilo, mostrando su sello distintivo y representando con sus obras las exigencias marcadas por los clientes y el terreno. Una arquitectura para un mundo azul y en el que el mar acaba determinando su configuración final, y en el que el lejano horizonte de la armonía parece estar más próximo que nunca.

Tadao Ando
Casa 4 x 4

Kobe, Hyogo, Japón

El emplazamiento se encuentra en una zona frente a la playa del Seto en el Mar Interior de Japón. En la orilla opuesta, a cuatro kilómetros, se encuentra el pueblo de Hokudan, en la isla Awaji, el que fue epicentro del gran terremoto de 1995 "Gran Hanshin"; al este se extiende el puente del estrecho de Akashi. Trabajando en esta ubicación el arquitecto tuvo la oportunidad de desarrollar el proyecto frente a la isla Awaji a la vez que estaba inmerso en varios proyectos como el Templo del Agua Yumebutai y el Puente Akashi, en una demostración de la tecnología constructiva de Japón reconocida en todo el mundo.

El terreno en el que se iba a asentar la casa se encuentra sujeto a la erosión del mar. Una buena parte del solar ya se había convertido en una arena de extraña belleza, dejando un simple sendero de tierra seca detrás del rompeolas. La torre de cuatro pisos tiene una planta cuadrada de 4 x 4 metros, cuyo nivel superior es un cubo que sobresale hacia el mar, desplazado a un metro de distancia de la línea principal de fachada y dejando el espacio justo para las escaleras. El paisaje enmarcado dentro de este cubo es una panorámica que abarca el Mar Interior, la isla Awaji y el puente Awaji, lugares que, tanto para el cliente que vive en esta región como para el propio arquitecto, el pensamiento y el recuerdo del terremoto se encuentra fuertemente arraigado.

La distribución es muy estratificada: la planta baja aloja la entrada, el baño y un lavabo; la segunda planta el dormitorio, la tercera el estudio y la cuarta la sala de estar y la cocina.

Después de completar la casa "4 x 4", un vecino que la había visitado ocasionalmente alquiló el terreno adyacente y pidió a Tadao Ando que también le diseñara una casa. El arquitecto está ahora considerando la posibilidad de construir una vivienda simétrica a la anterior, pero hacerla de madera en lugar de hormigón.

En un futuro próximo, las dos casas de "forma parecida y materiales diferentes" se enfrentarán costado a costado junto al Mar Interior.

Fotógrafo: Mitsuo Matsuoka

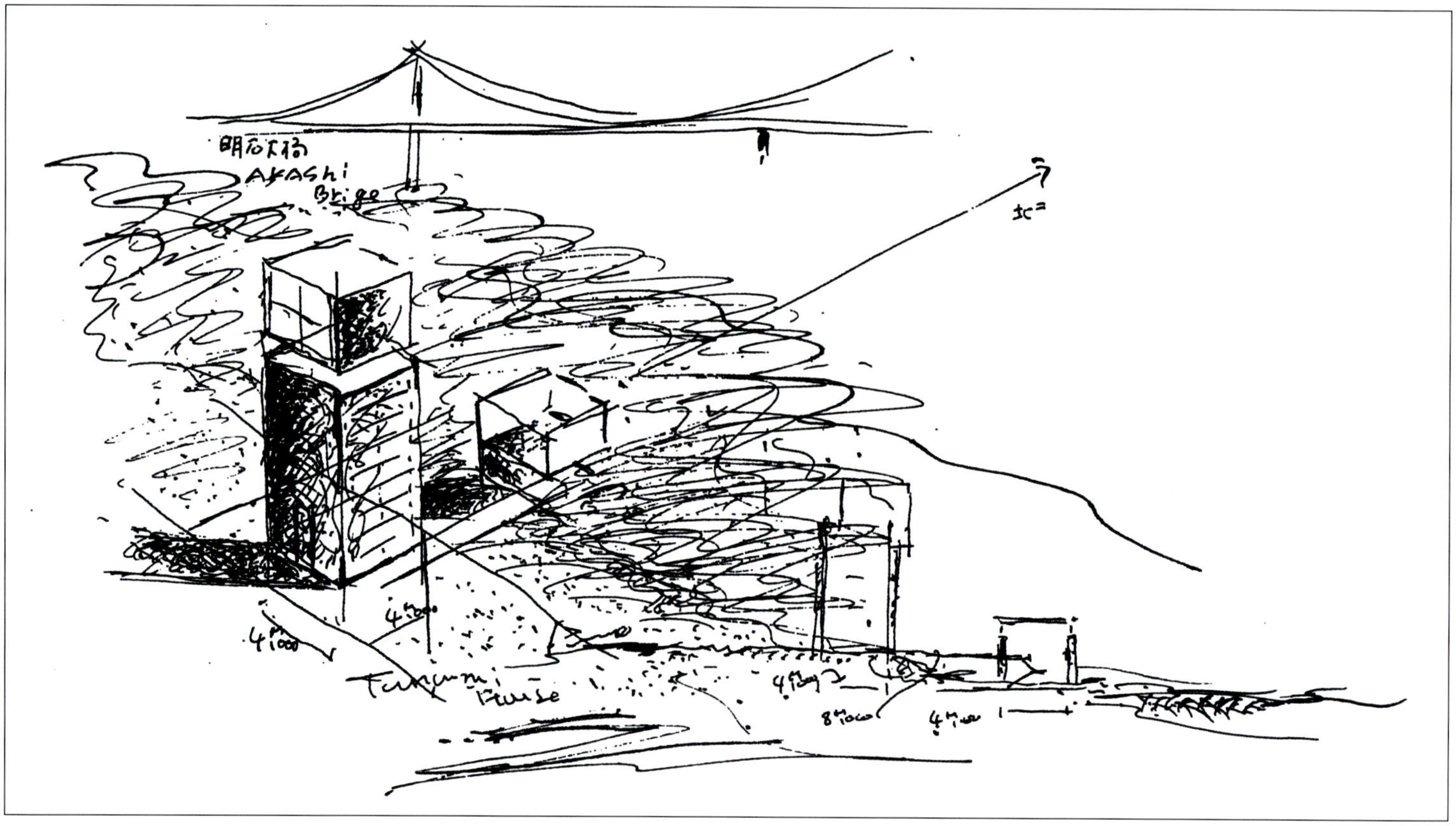

El emplazamiento se encuentra en una zona frente a la playa del Seto, el mar interior de Japón. En la orilla opuesta, a cuatro kilómetros, se encuentra el pueblo de Hokudan, en la isla Awaji, el que fue epicentro del gran terremoto de 1995 "Great Hanshin"; al este se extiende el puente del estrecho de Akashi.

Planta 4a - Sala de estar

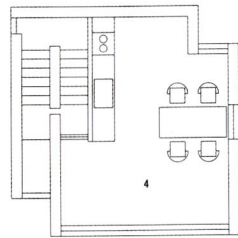

Planta 3a - Estudio

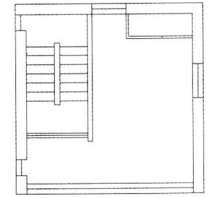

Planta 2a - Dormitorio

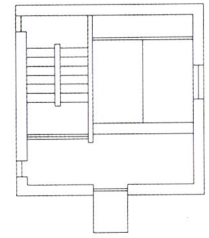

Planta 1a - Baño

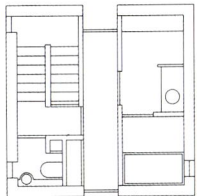

15

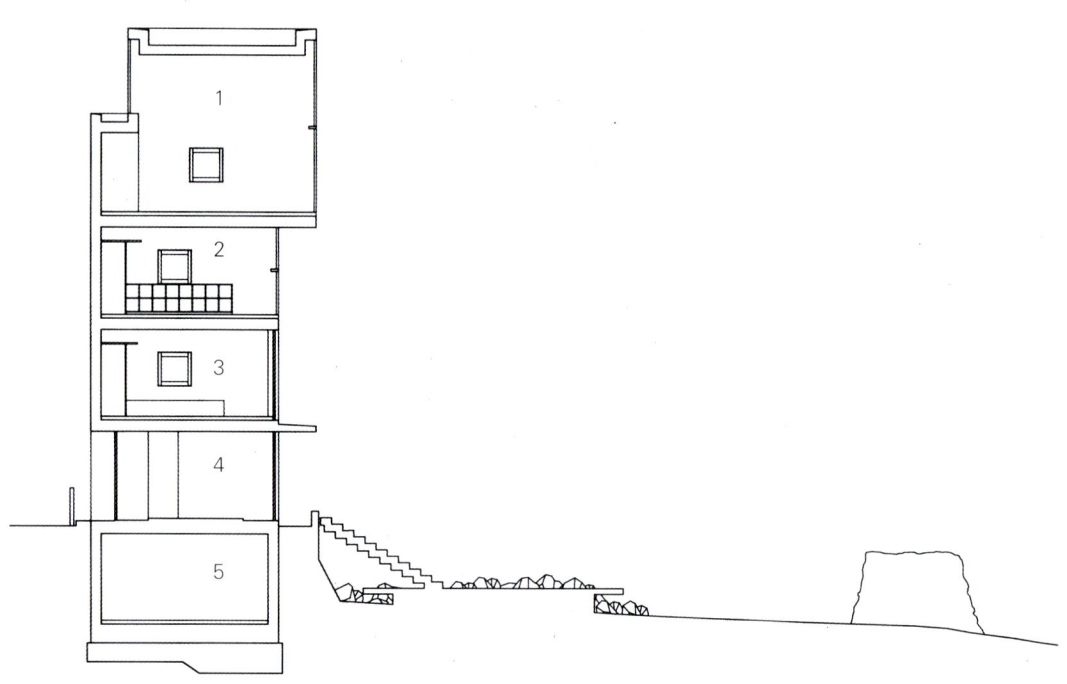

Sección
1. Sala de estar
2. Estudio
3. Dormitorio
4. Entrada
5. Trastero

17

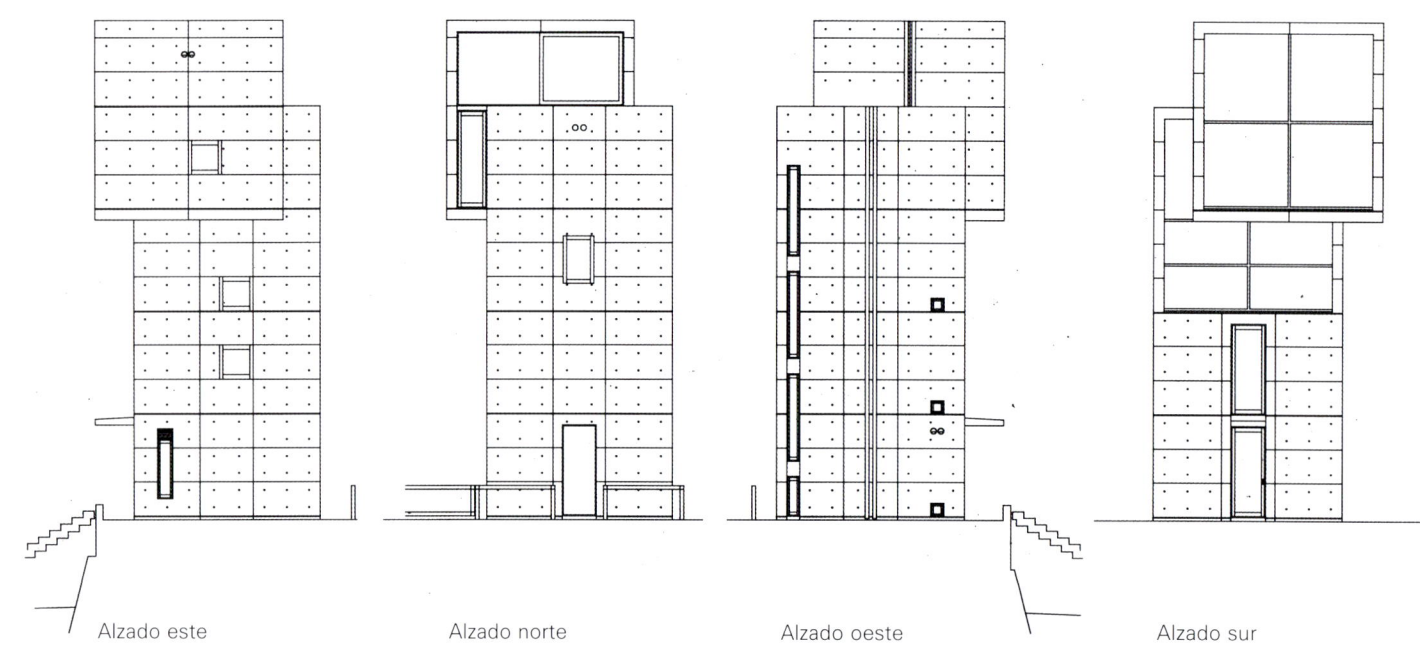

Alzado este　　　　　Alzado norte　　　　　Alzado oeste　　　　　Alzado sur

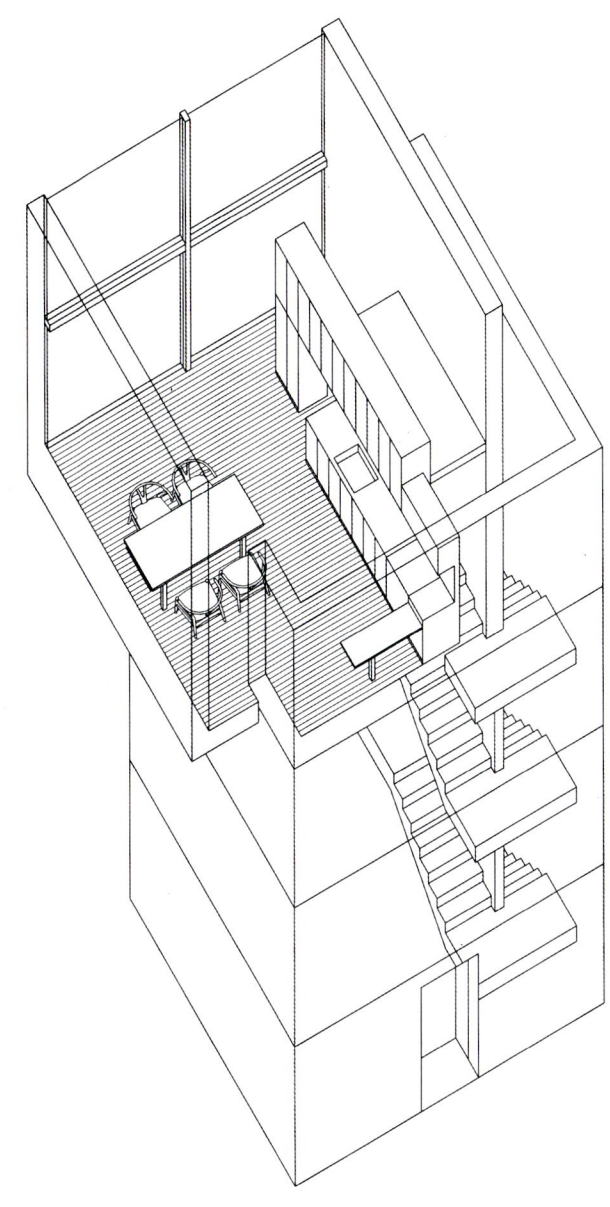

Javier Atardi
Casa en Las Arenas

Lima, Perú

El proyecto consiste en una pequeña casa ubicada en un terreno de uno de los frentes costeros a cien kilómetros al sur de Lima.

Conceptualmente, el proyecto explora la expansión de los usos convencionales en una casa de playa, para lo cual se ha creado una especie de gran "caja contenedora", un espacio total que integra los espacios de la sala-comedor con el área de la terraza-piscina, y dentro de la cual se han diseñado diversos elementos (convencionales y no convencionales) que permiten múltiples opciones de uso.

Arquitectónicamente, la caja ha sido perforada en algunos de sus planos para conseguir un adecuado control de soleamiento y dirigir los enfoques de las visuales. El efecto de la construcción es el de un juego dinámico de planos y volúmenes ortogonales, de líneas simples y definidas, con una porosidad y transparencia espacial interna conseguida a través de grandes ventanales y recorridos ininterrumpidos. En los laterales de la vivienda, en toda su longitud, los muros se hacen más opacos, y las ventanas pasan a ser estrechas franjas horizontales y verticales para preservar la privacidad.

La atmósfera creada en la casa adopta la luminosidad especial de los ambientes marítimos gracias al estuco blanco que lo reviste indistintamente en su interior y exterior.

La casa ha sido deliberadamente "suspendida" sobre el jardín del terreno e incorpora la sensación de ingravidez y libertad en la experiencia arquitectónica de los usuarios.

El estudio del arquitecto Javier Artadi ha buscado incorporar al proyecto una tipología arquitectónica diferente, con el objetivo de ampliar las opciones acerca de lo que podría significar una casa de playa en la costa peruana en los albores de este nuevo siglo.

Fotógrafo: Alexander Kornhuber

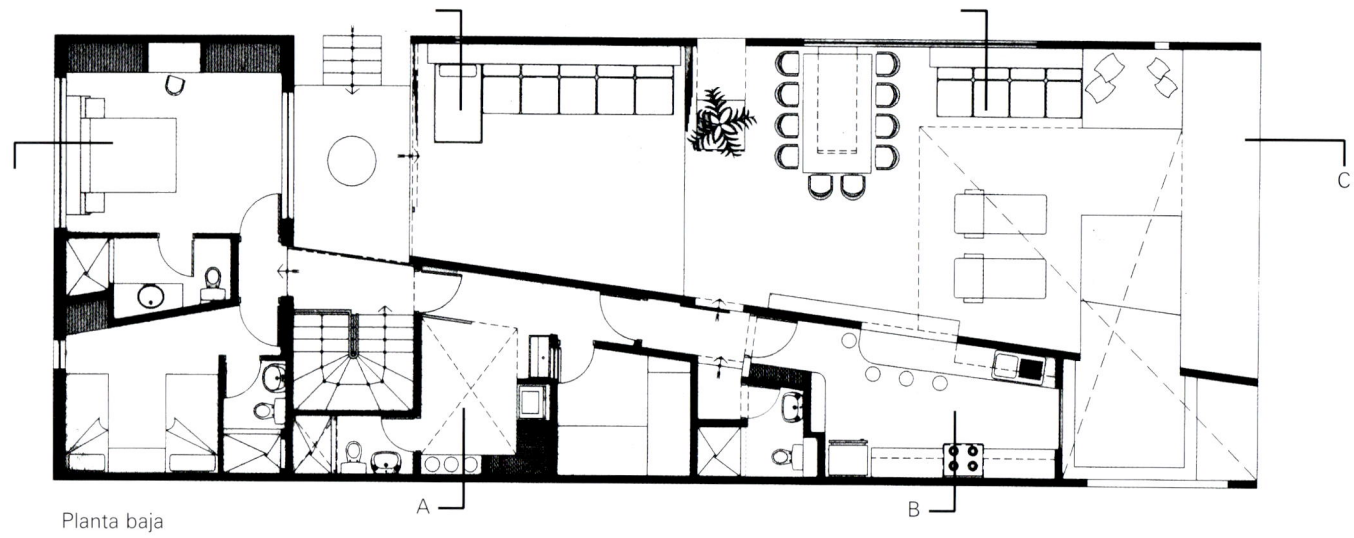

Planta baja

Planta sótano

La vivienda es una deliberada reinterpretación para el nuevo siglo de las tipologías de casa de playa propios de la zona.

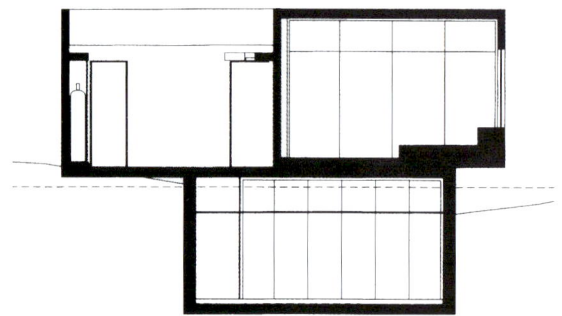

Sección A

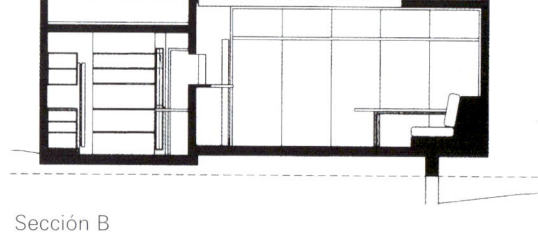

Sección B

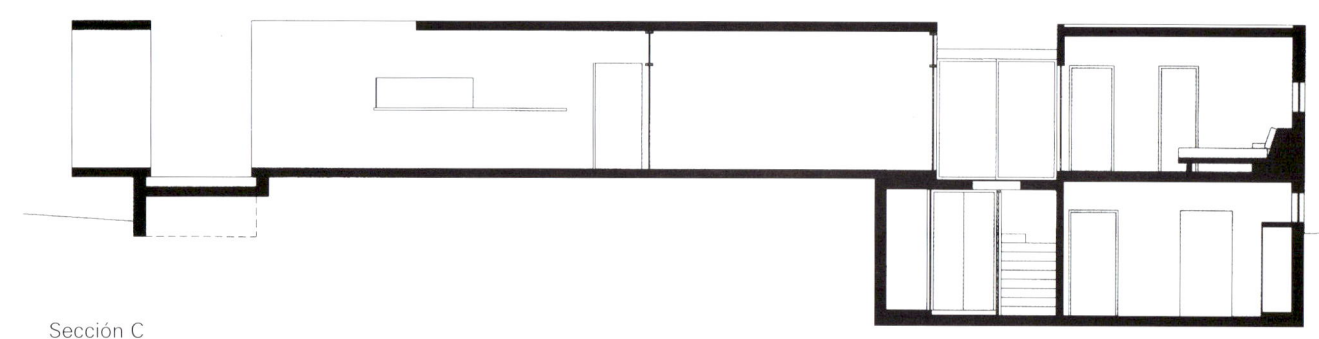

Sección C

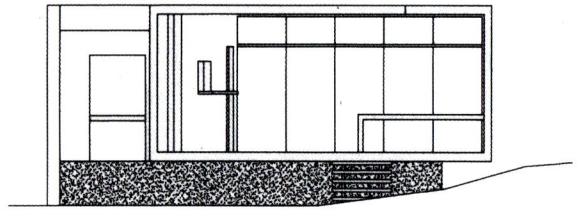

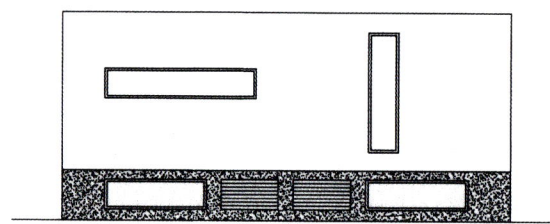

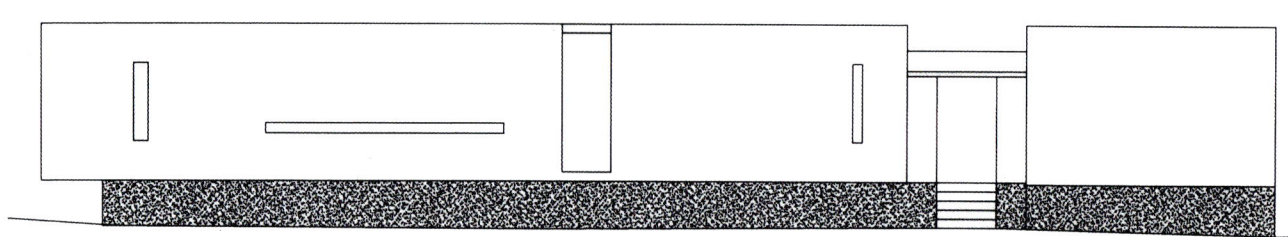

El efecto de la construcción es el de un juego dinámico de planos y volúmenes ortogonales, de líneas simples y definidas, con una porosidad y transparencia espacial cuidadosamente planteada y aplicada.

Jordi Garcés
Casa en La Fosca

Palamós, España

La "Casa en la fosca" se ubica en un solar de unos 3.000 m² en el que se han dejado 630 m² de terreno libre ajardinado para terrazas y solarium. Ambos sectores, el de vivienda y el de jardín, han sido establecidos como una unidad global en la que las estancias de la vivienda han acabado constituyendo las zonas sombreadas del solar. Un volumen lineal ofrece una fachada predominantemente cerrada a la orientación menos adecuada y a la proximidad de los edificios vecinos; de esta barra surgen, de manera modular y sistemática, otros cuerpos ortogonales de longitud variable, que se amoldan con libertad a la forma triangular del solar.

La totalidad del programa se resuelve en dos plantas y en 1.150 m², e incluye salas de estar, el comedor-cocina, un dormitorio-suite principal y diversos dormitorios, porches, terrazas, pérgolas y un solarium. Una especie de espina central aloja en su interior la escalera lineal y agrupa en su periferia espacios de almacenaje y hogares. Por otro lado, las terrazas delanteras de madera se extienden en busca del mar hasta la línea de delimitación terrestre marítima.

Como elementos complementarios anexos se han construido un pabellón de baño turco, un jacuzzi exterior y las salas de máquinas. Un almacén en forma de media luna completa las edificaciones y contribuye a precisar los espacios del jardín.

Tanto las paredes interiores como las exteriores se han revestido de estuco y coronado en piedra. En la planta baja el pavimento es también de piedra, mientras que en la primera predominan las superficies y los cerramientos de madera natural de alta calidad.

Fotógrafo: Lluis Casals

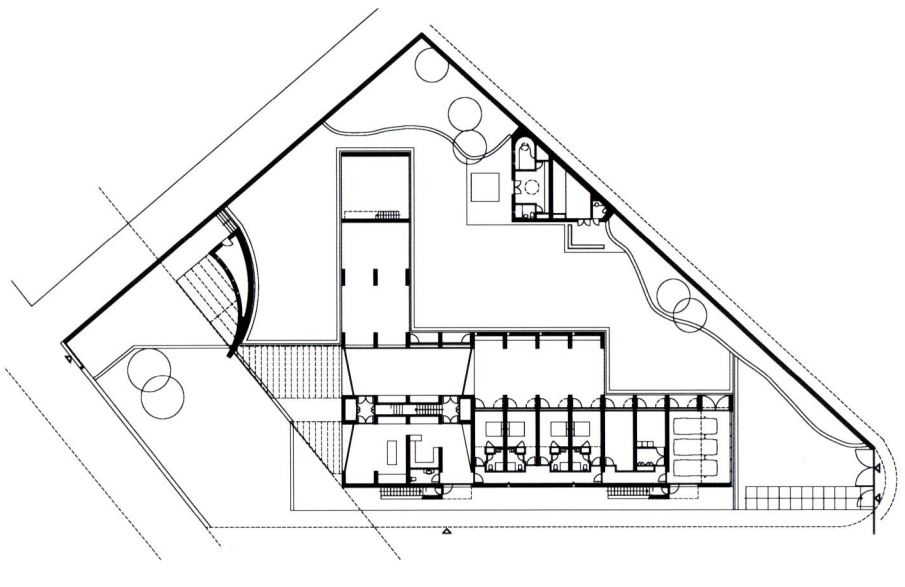

Planta baja

0m 4.0 8.0 12.0 16.0 20.0
N

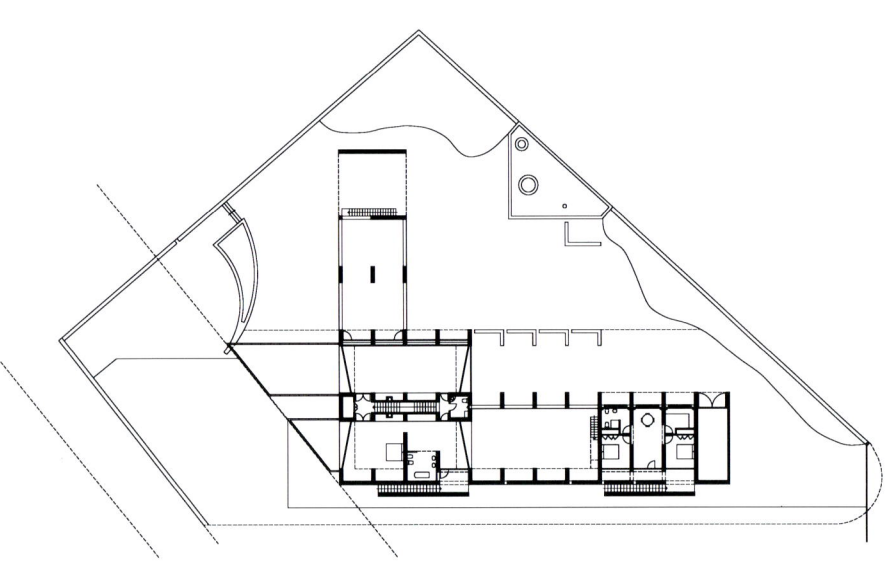

Planta primera

0m 4.0 8.0 12.0 16.0 20.0
N

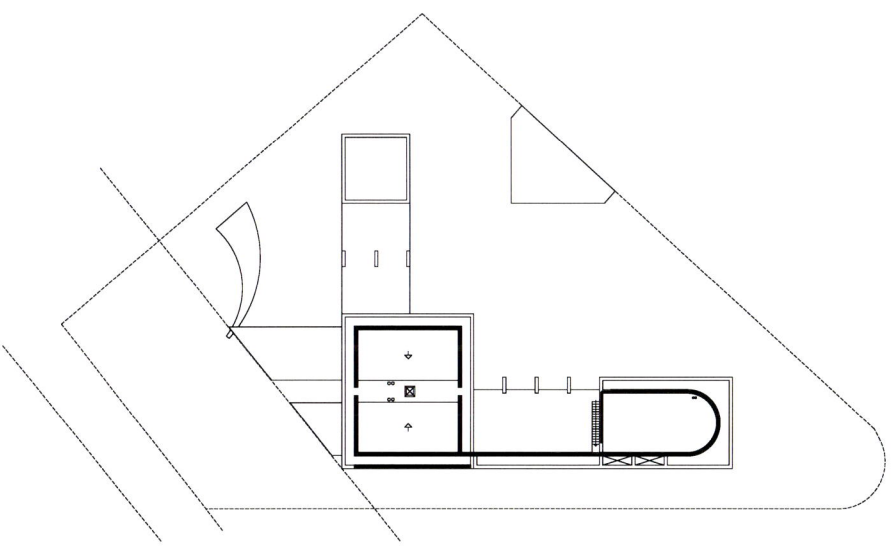

Planta segunda

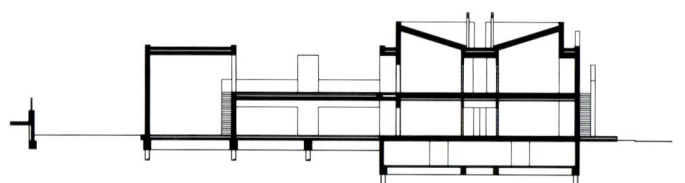
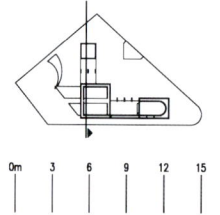

0m 3   6   9   12   15

0m 3 6 9 12 15

0m 3 6 9 12 15

0m 3 6 9 12 15

0m 3 6 9 12 15

0m 3 6 9 12 15

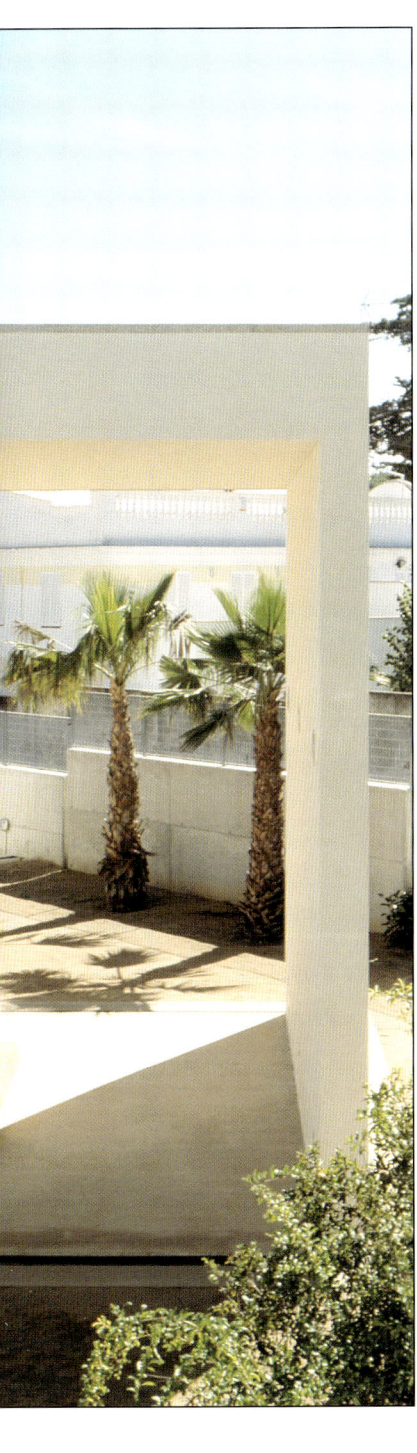

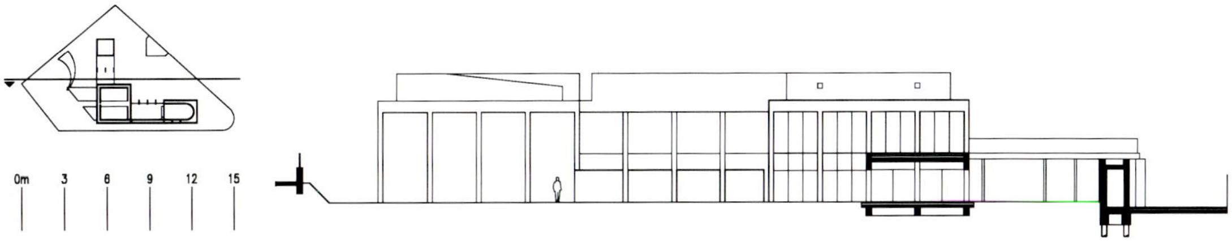

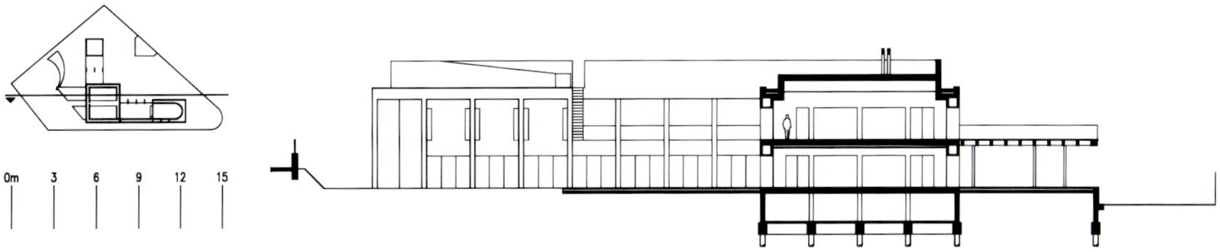

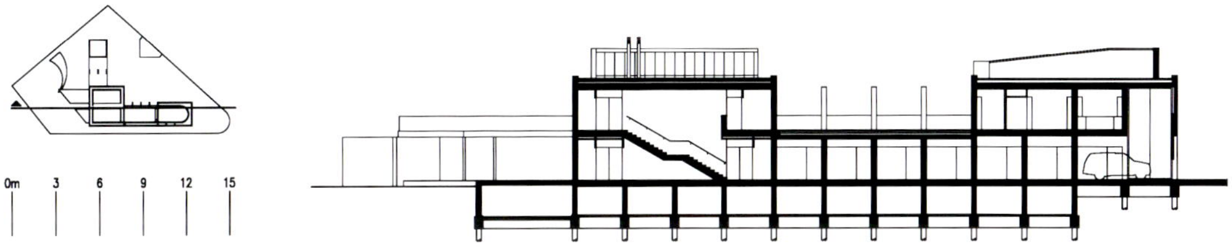

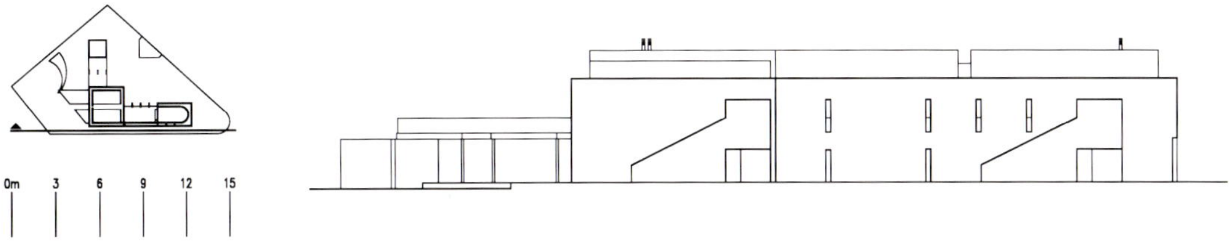

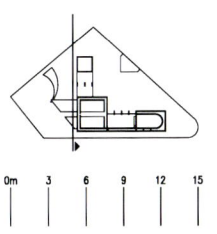

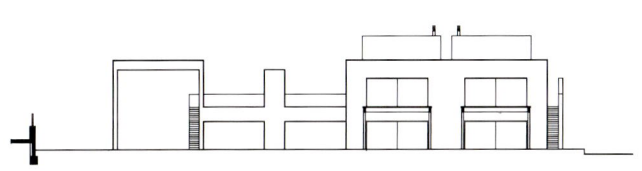

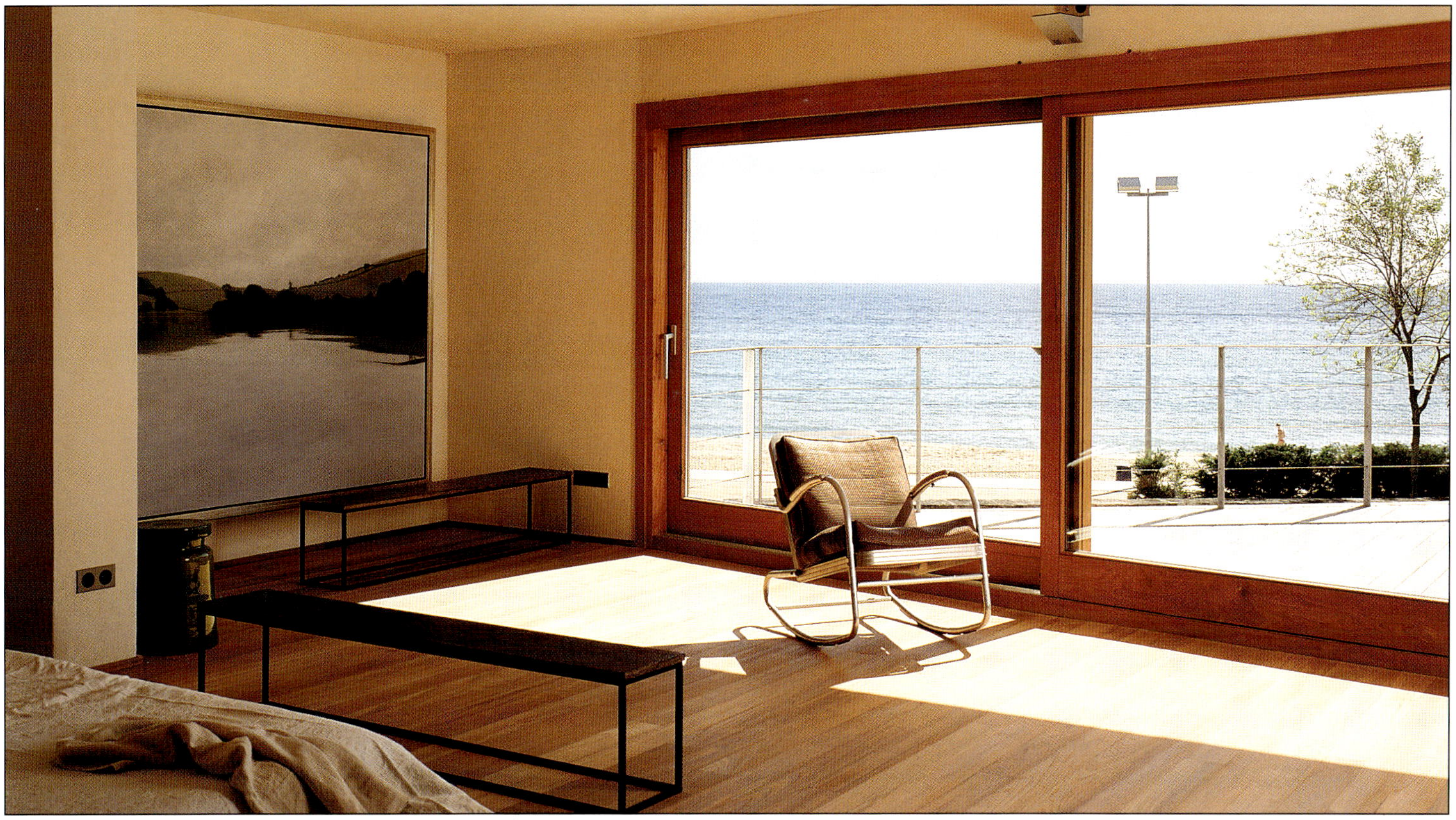

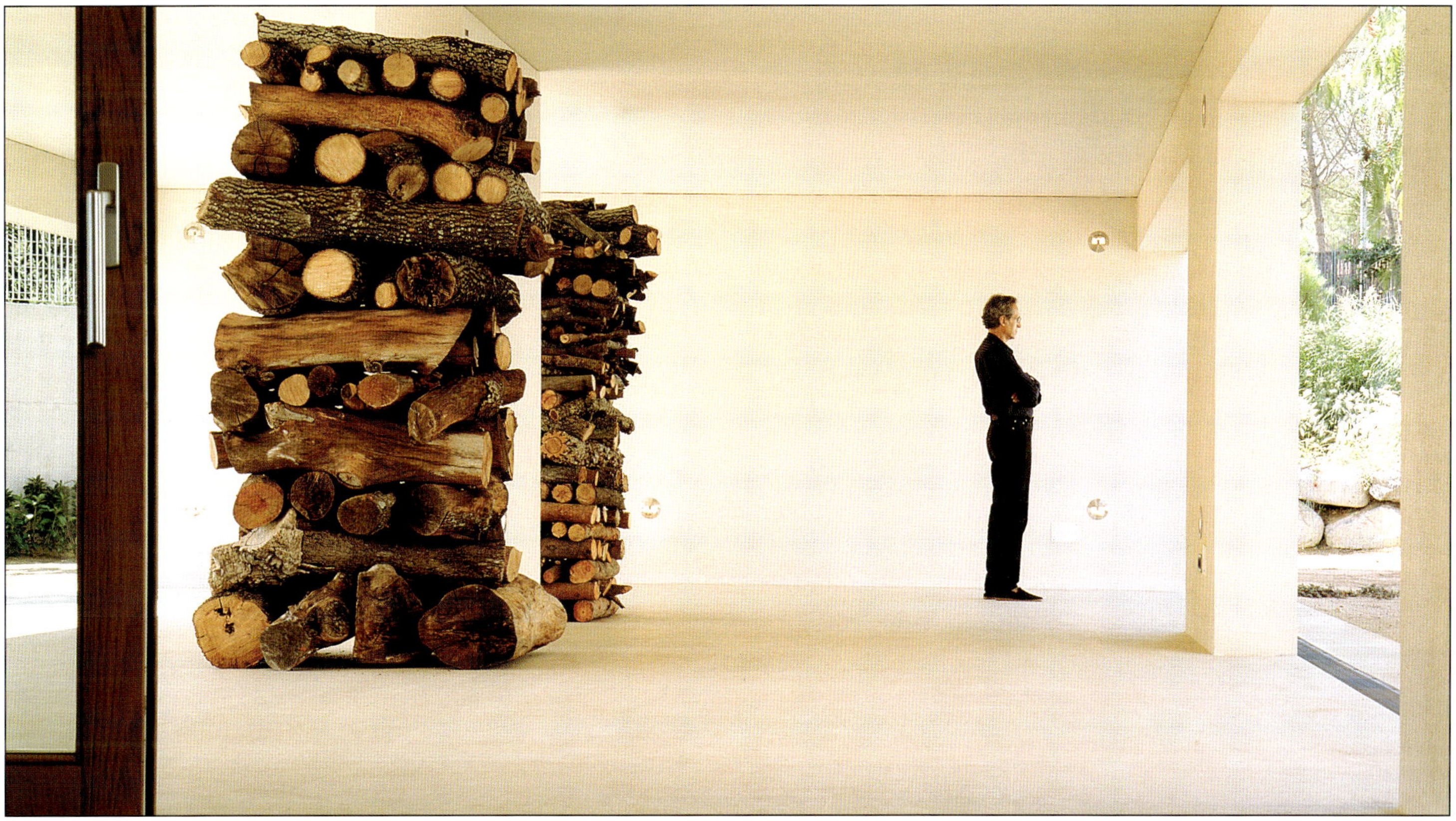

Nitsche Arquitectos Associados
Casa en Barra do Sahy

São Sebastião, São Paolo, Brasil

El objetivo del equipo de arquitectos era construir una casa funcional a través de un proceso constructivo racional, priorizando la rapidez del proceso y su bajo coste. De esta forma, se crearon áreas de dimensiones regulares sobre una base de estructuras modulares. Estos módulos se dispusieron linealmente para los dormitorios y los baños, y se dispusieron otros tres módulos para la sala de estar y las áreas de servicio. La articulación entre estas zonas se consigue gracias a una terraza exterior, eliminando la circulación interna y, por consiguiente, optimizando la superficie construida y la no interferencia entre cada espacio.

Existían dos factores ambientales a considerar durante las fases de diseño y construcción: la excesiva humedad y las altas temperaturas. Para prevenir la absorción de la humedad del terreno, se proyectó una plataforma de hormigón sobre el suelo, y para evitar la acumulación de la humedad ambiental, se posibilitó la ventilación cruzada en cada una de las estancias. Para mitigar el calor, se diseñó una cubierta hueca elevada sobre el volumen de la casa, creando un espacio abierto y a través del cual el aire circula constantemente. Los finos aleros protegen de la lluvia fuerte y del asoleo directo.

Para la construcción de la vivienda se eligieron materiales industrializados que pudieran ensamblarse in situ. El forjado se realizó con una losa prefabricada de hormigón armado y, sobre este nivel, se construyeron los muros de ladrillo, se montó la estructura de madera, y se cubrió con tejas de aluminio termoacústicas. Para los cerramientos se emplearon paneles de aluminio y de cristal.

El amplio espacio, acentuado por la continuidad del suelo (de piedra de Santo Tomé blanca), así como los paneles correderos de cristal en ambas fachadas longitudinales, transmite una sensación de ligereza donde los límites internos y externos se diluyen.

Fotógrafo: Nelson Kon

Planta

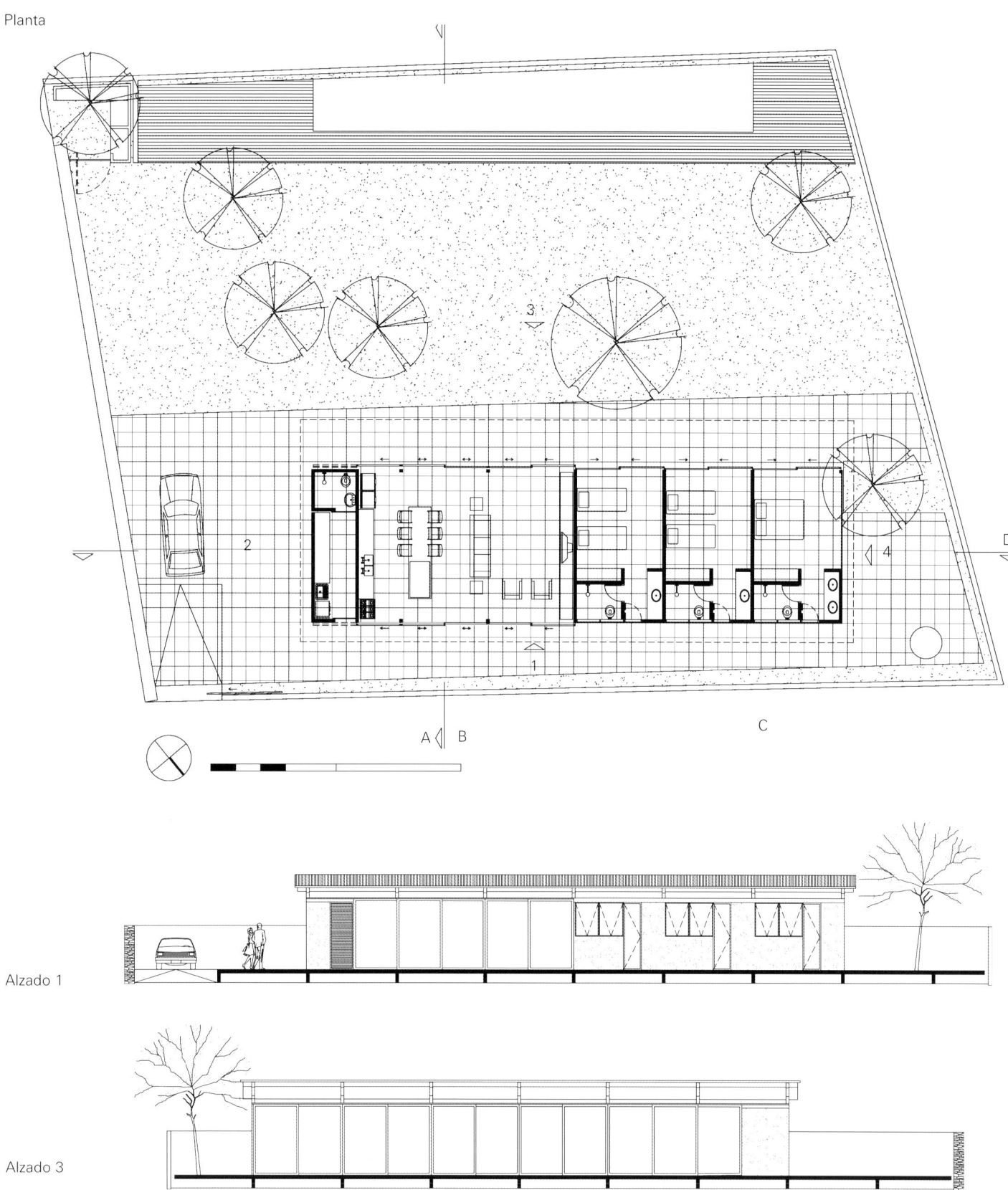

A ◁ B

C

D

1

2

3

4

Alzado 1

Alzado 3

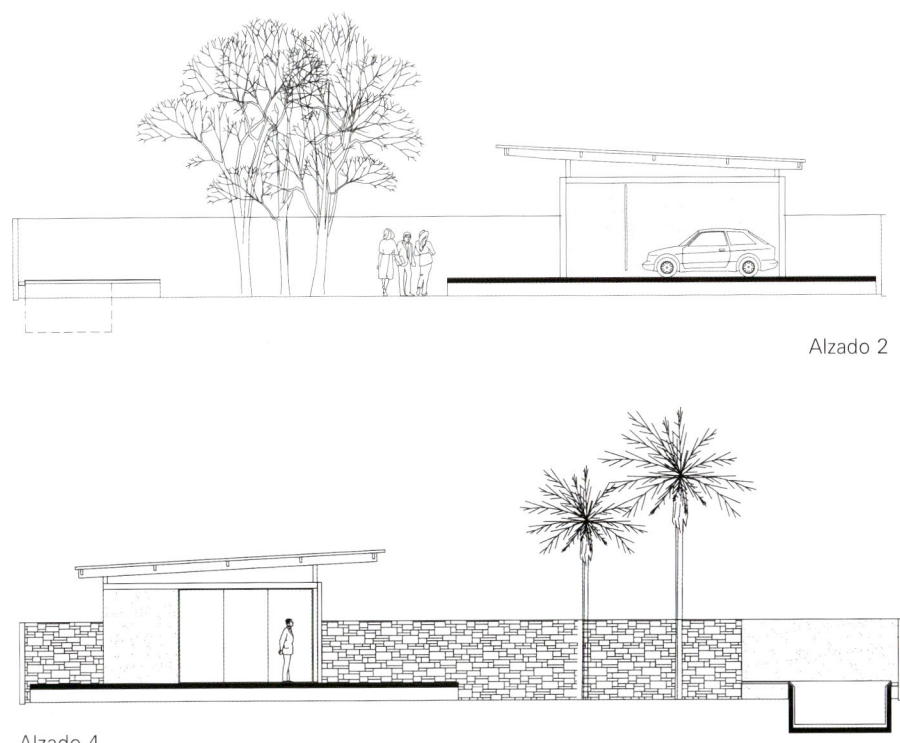

Alzado 2

Alzado 4

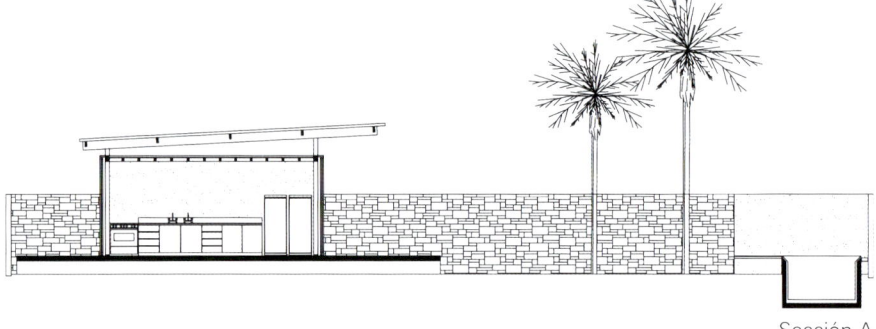

Sección A

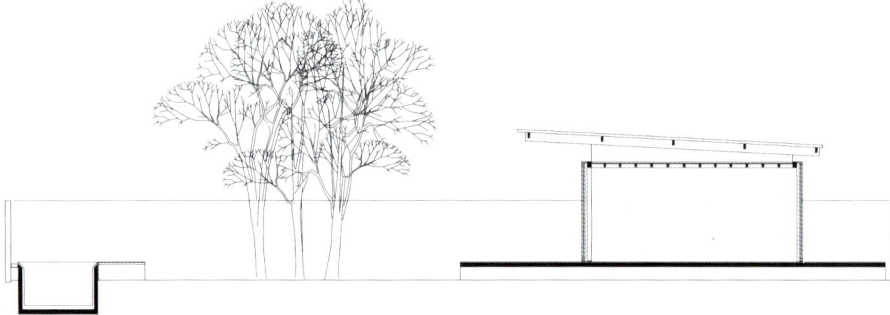

Sección B

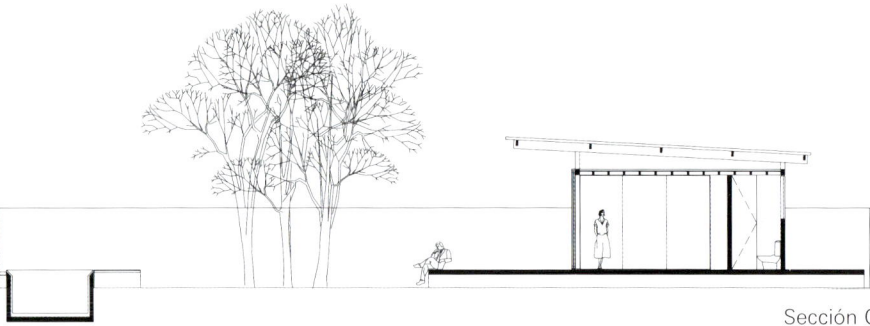

Sección C

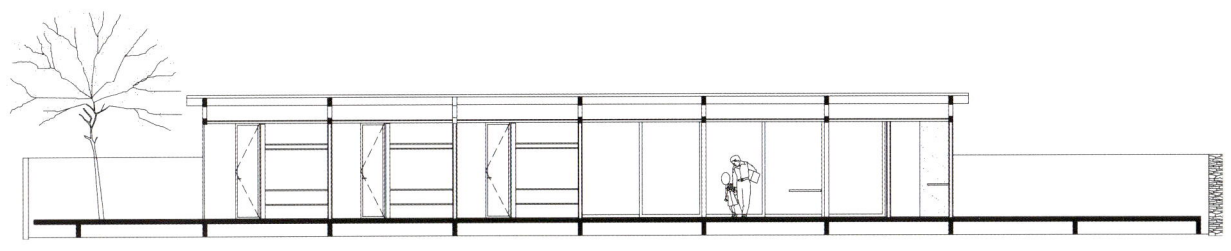

Sección D

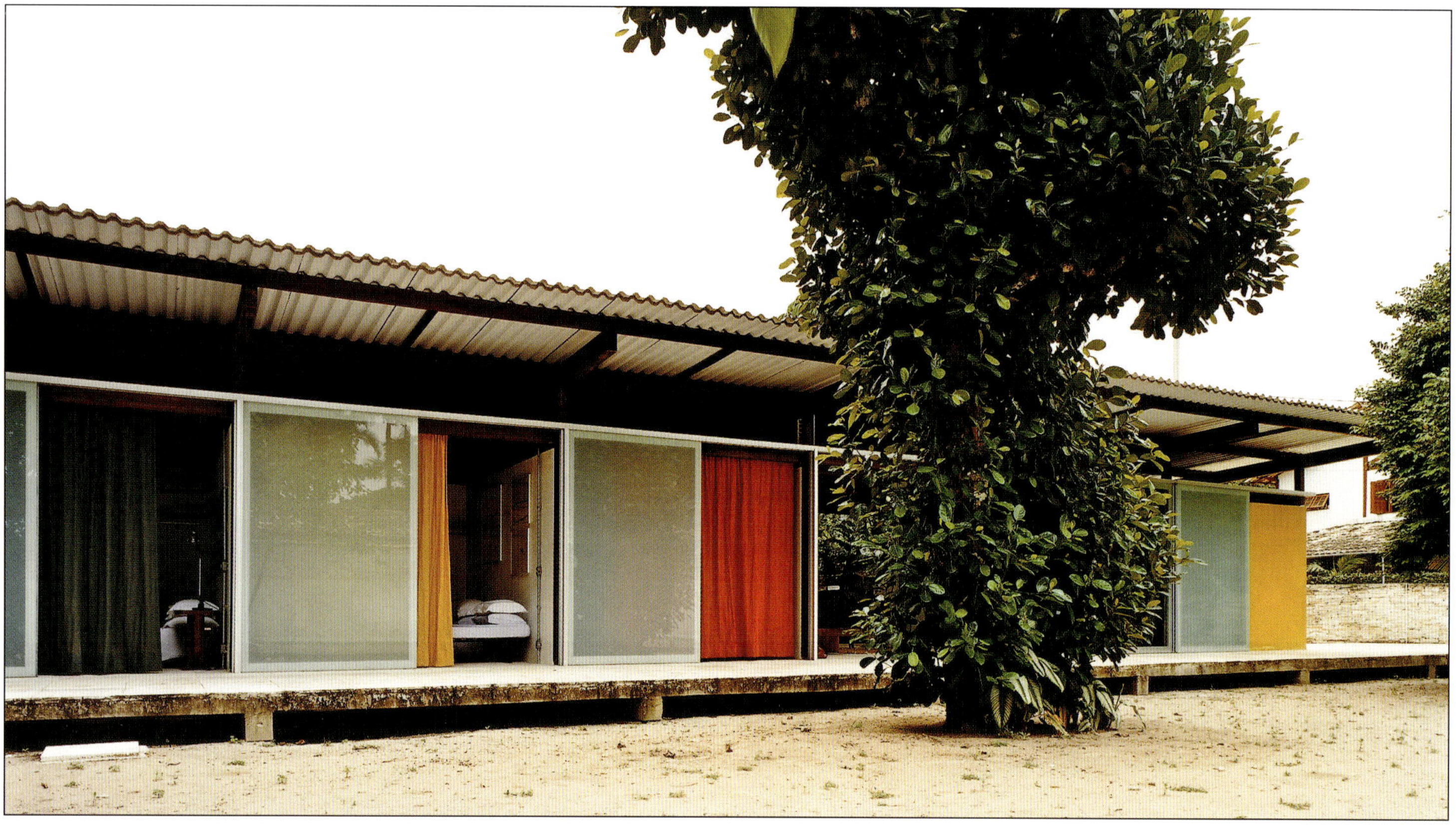

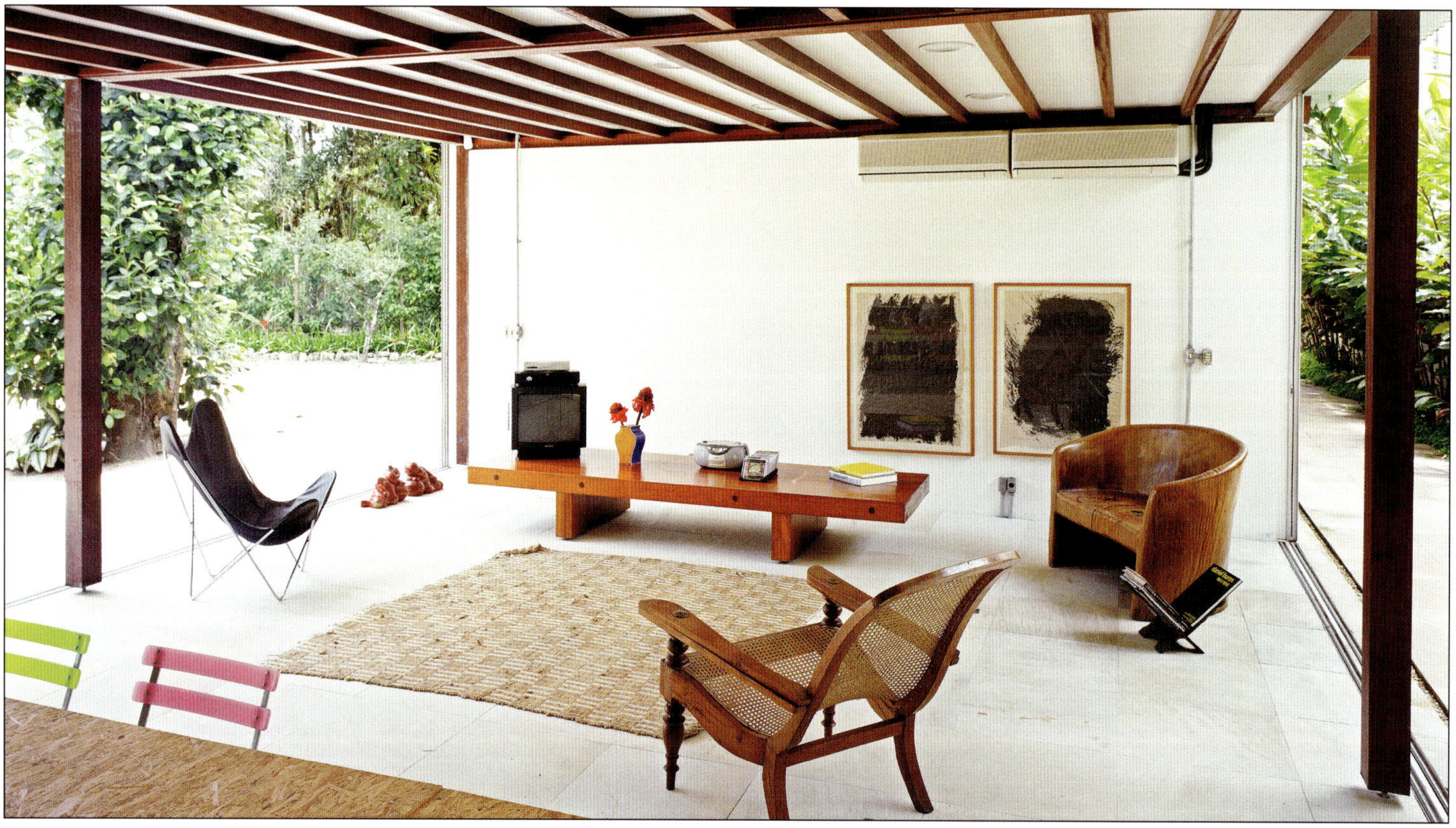

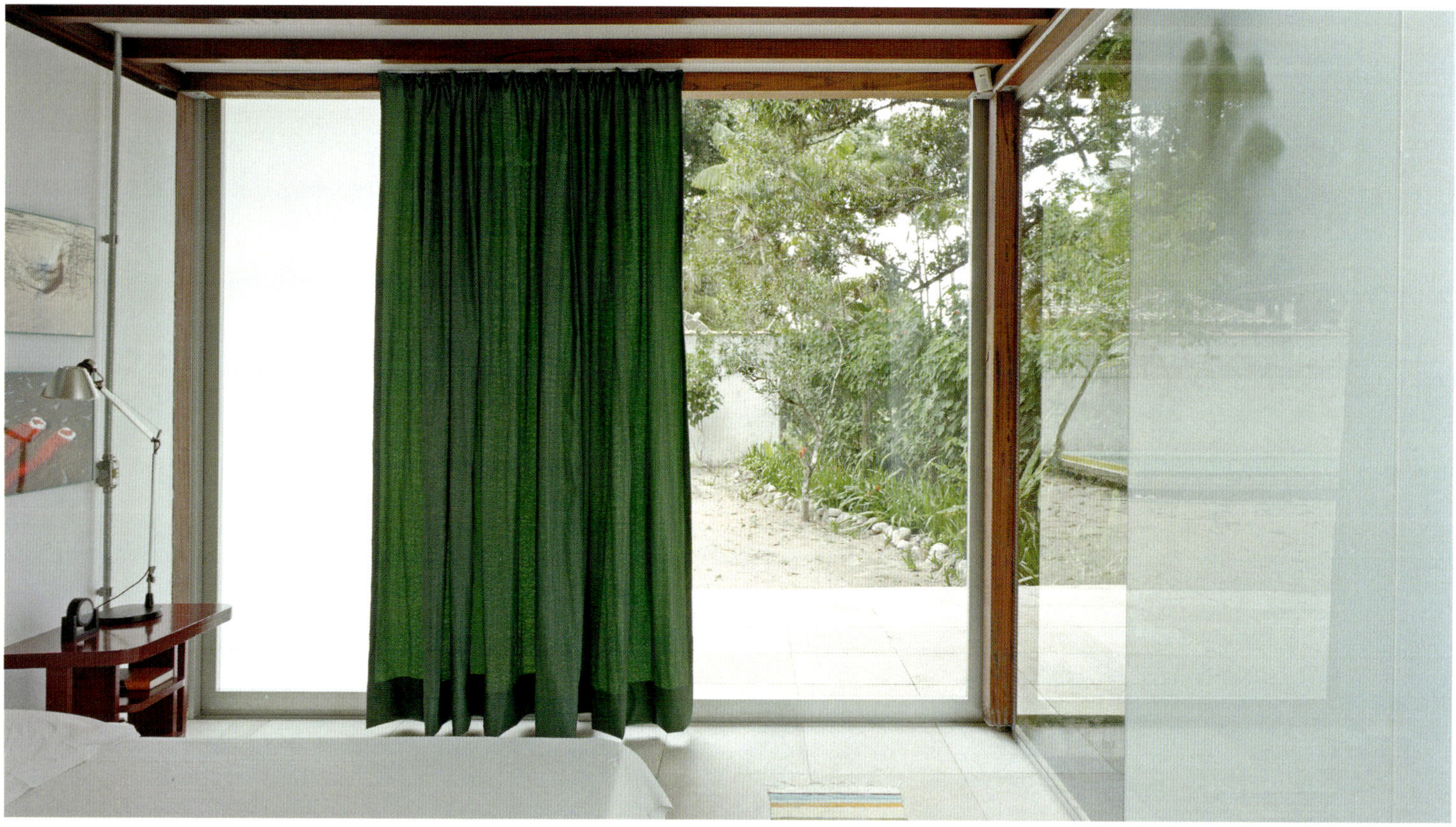

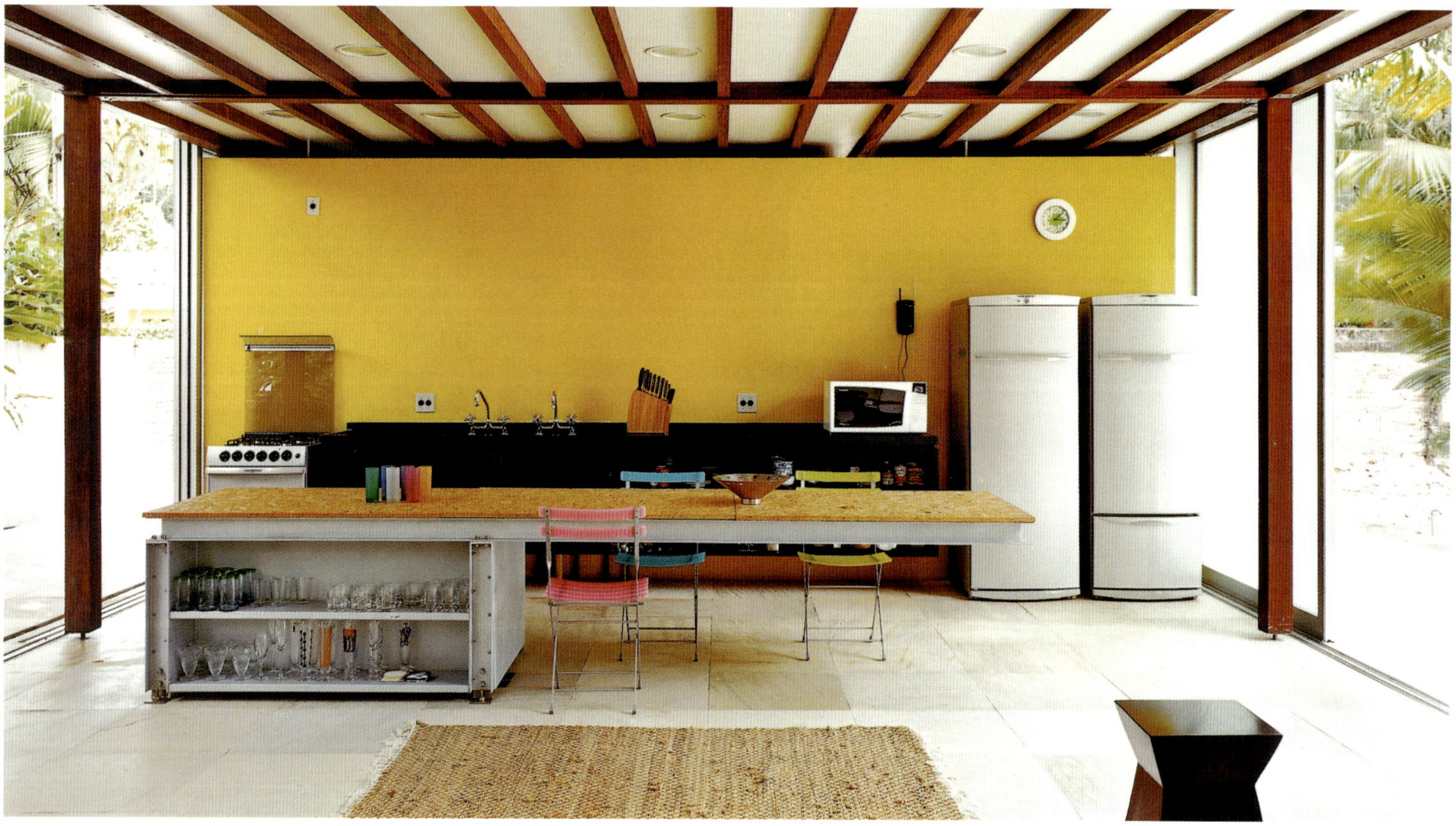

Dawson Brown Architecture
Casa James-Robertson

Mackeral Beach, NSW, Australia

El emplazamiento, situado en una pronunciada pendiente (45°) orientada a norte en las costas occidentales de Pittewater, al norte de Sydney, está rodeado por el Parque Nacional Ku-ring-gai. El bloque se extiende desde la costa rocosa después de un acantilado dominado por una vieja higuera y hasta la ladera situada justo debajo de las crestas, caracterizadas por grandes cuevas de arenisca.

La casa consiste en una serie de pabellones de vidrio, acero y cobre diseñados para entremezclarse con un entorno natural impresionante. Los pabellones inferiores se apoyan en un gran muro de retención de arenisca excavado en la ladera con la ingeniería geotécnica necesaria para estabilizarla. El acceso requiere un viaje en barco, un paseo por la playa y una lenta escalada hasta las murallas que rodean la entrada.

Las paredes inclinadas conducen a la plantación de bambú del primer piso con su estudio, su habitación de invitados y el sótano, conectados por los inmensos suelos en voladizo de los pabellones superiores. El camino continúa hacia arriba dejando atrás las paredes revestidas en cobre del pabellón principal, a doble altura y hasta la ladera original del acantilado, adornado con las raíces colgantes de una higuera gigante. Aquí es donde se revelan los pabellones, completamente en vidrio transparente, mientras el camino prosigue por la despensa, provista de persianas de lamas, hasta la espina dorsal que linda con la cocina/comedor. Este espacio intermedio-veranda conecta los pabellones y la azotea principal al aire libre, y desaparece cuando los pabellones están completamente abiertos; está cubierta por capas entrelazadas de viseras de acero y cubiertas de cobre.

La forma del pabellón, con sus secciones en voladizo y sus planos inclinados de cubierta preserva la intimidad de los espacios acristalados frente a las construcciones vecinas, a la vez que hacen penetrar la luz de la tarde y protegen la casa del sol de verano y la lluvia. Los edificios, gracias a su escala reducida, a su distribución y a los colores y materiales oscuros consiguen disminuir su presencia en el Parque Nacional como estructuras.

Se eligió el acero por su resistencia a las hormigas blancas y los incendios; se ha pintado en negro y se ha diseñado con una sección mínima, mientras que el soporte estructural de los pabellones es casi invisible. El transporte de material al emplazamiento se realizó enteramente en barcas y barcazas hasta un muelle temporal construido sobre las rocas de la costa. El acero y los elementos más pesados tuvieron que colocarse con helicópteros debido a la dificultad de su manejo.

La apertura de los pabellones captura las brisas de la costa, mientras que las viseras protegen del calor del sol. Unas cortinas metálicas mecánicas y grandes elementos en voladizo mantienen las estructuras frías durante el verano. En invierno se obtiene calor del hogar de fuego y a la calefacción radiante de los techos.

La casa es especialmente cuidadosa con las condiciones ambientales. Se utilizó ampliamente el cobre para las cubiertas y paredes para proporcionar un material duradero con una pátina, tal como se desarrollará con belleza en este entorno marítimo.

El edificio colecta y almacena su propia agua y trata sus propios desechos; confía en capturar las brisas para protegerse del calor y consume una energía mínima para su calefacción.

Fotografías cedidas por el arquitecto

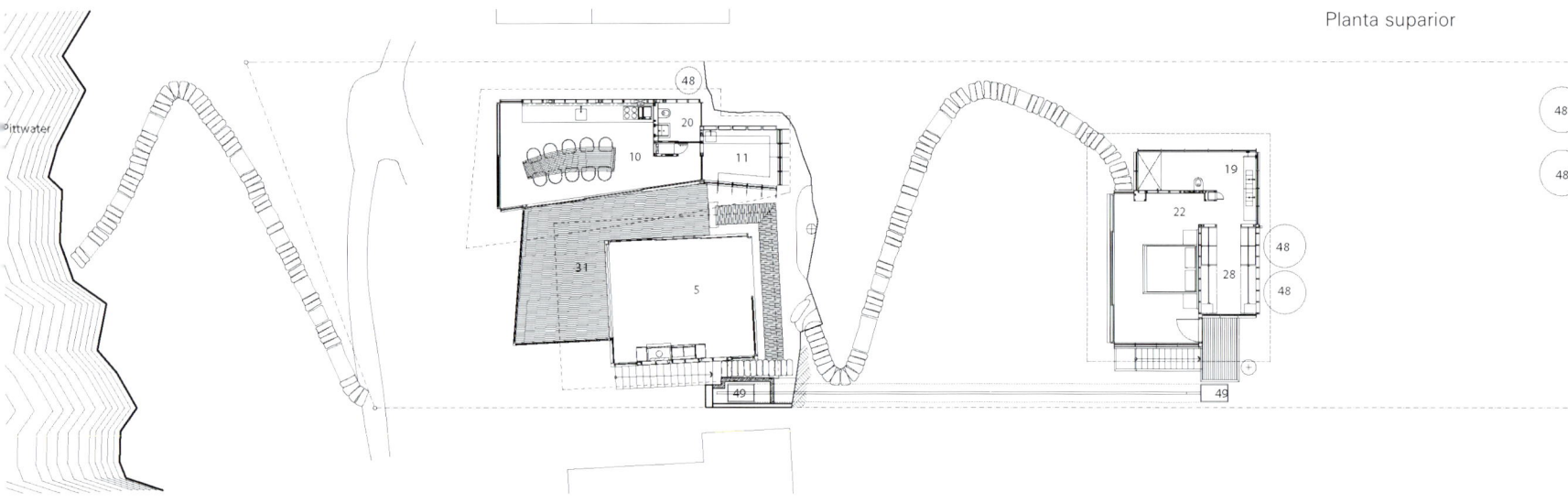

Planta superior

48. Depósito de agua
10. Cocina - comedor
11. Despensa
5. Salón
22. Dormitorio principal
28. Guardarropa
19 Habitación de invitados
49. Inclinador

Planta inferior

31. Terraza
25. Dormitorio
20. Baño
16. Estudio
12. Bodega
37. Cuarto de maquinaria
13. Lavandería

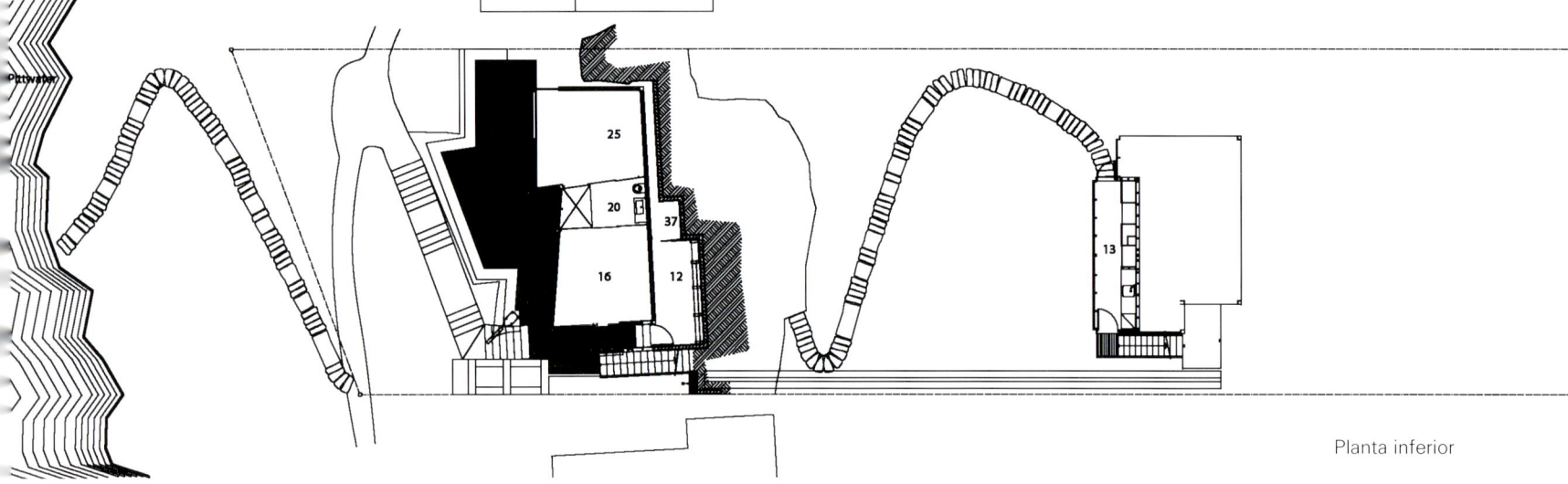

Planta inferior

take tower
to ground
splayed
to be seen

towers (series)
lanterns
lighting hill at night
soaking inside
random
collection of
huts on hill

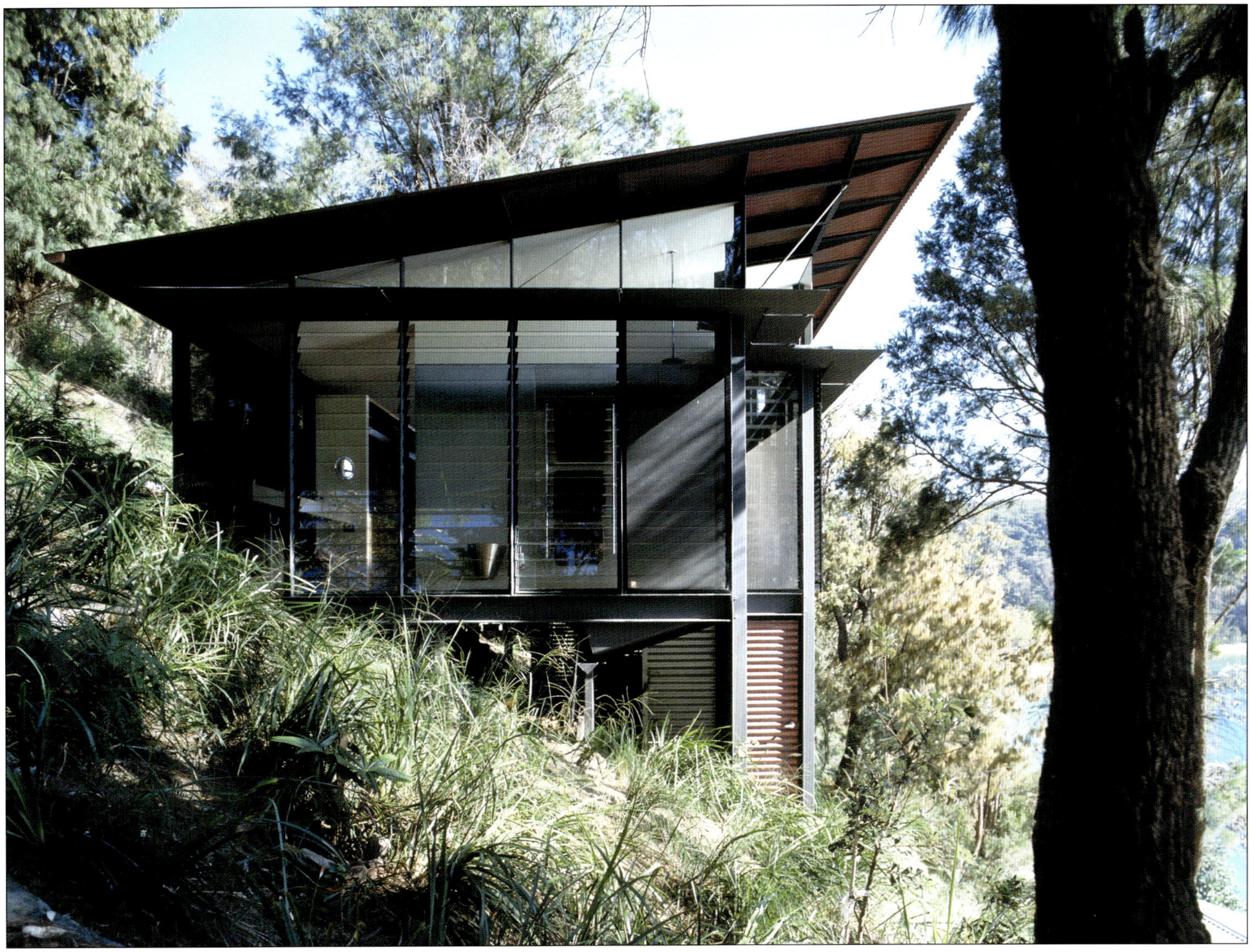

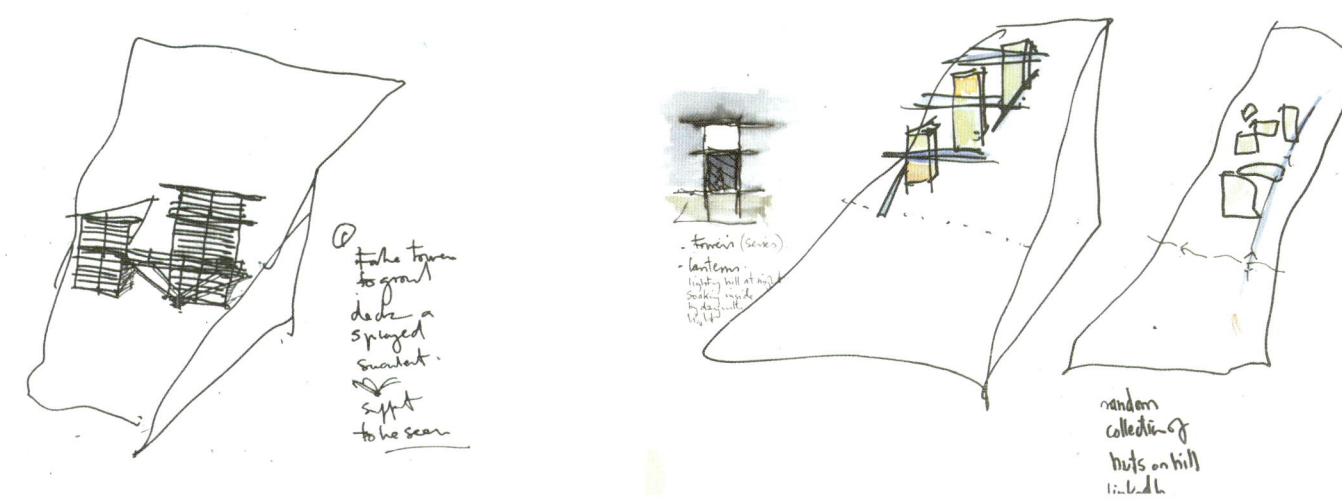

Alzado oeste - sección

Pittwater

0 1 2 3 4 5

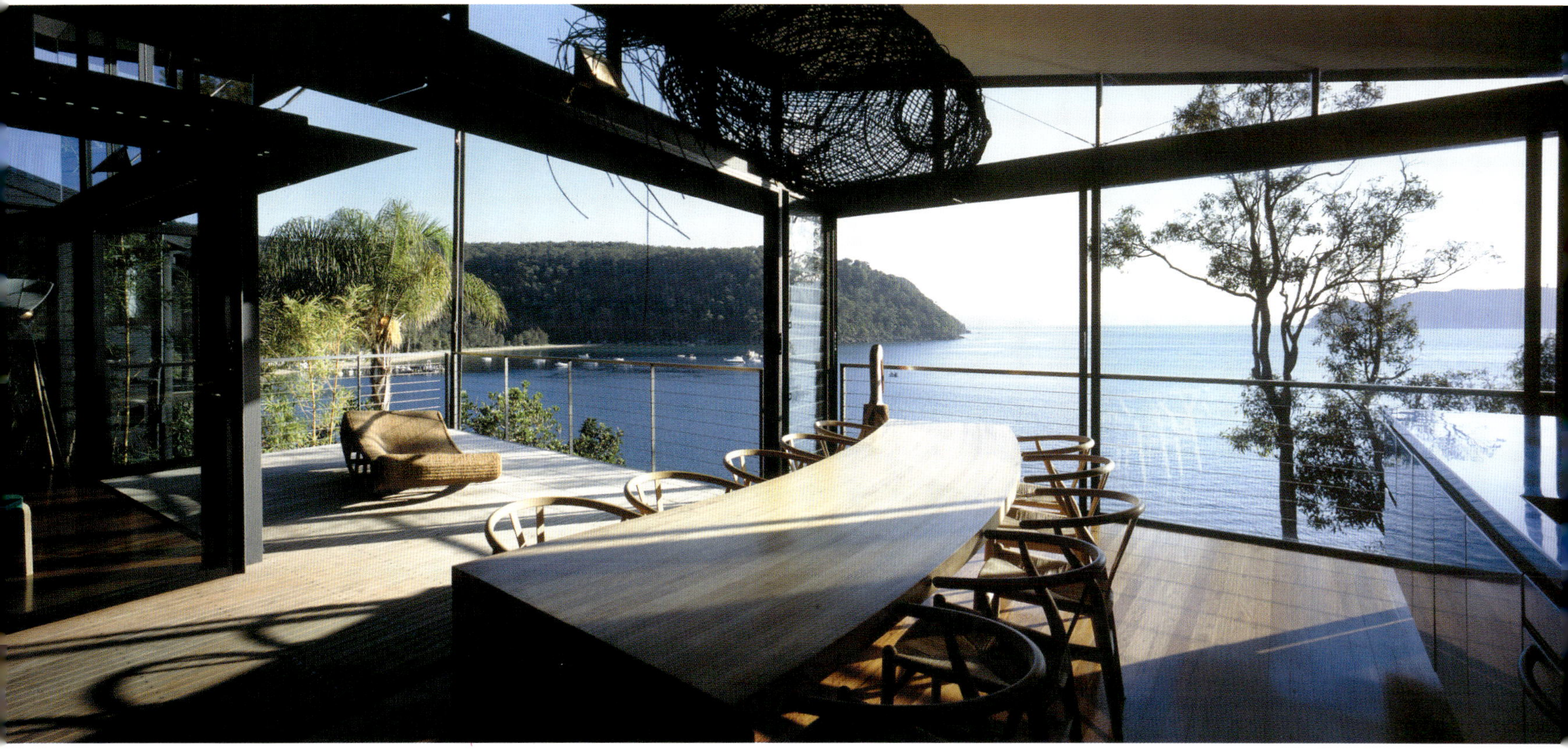

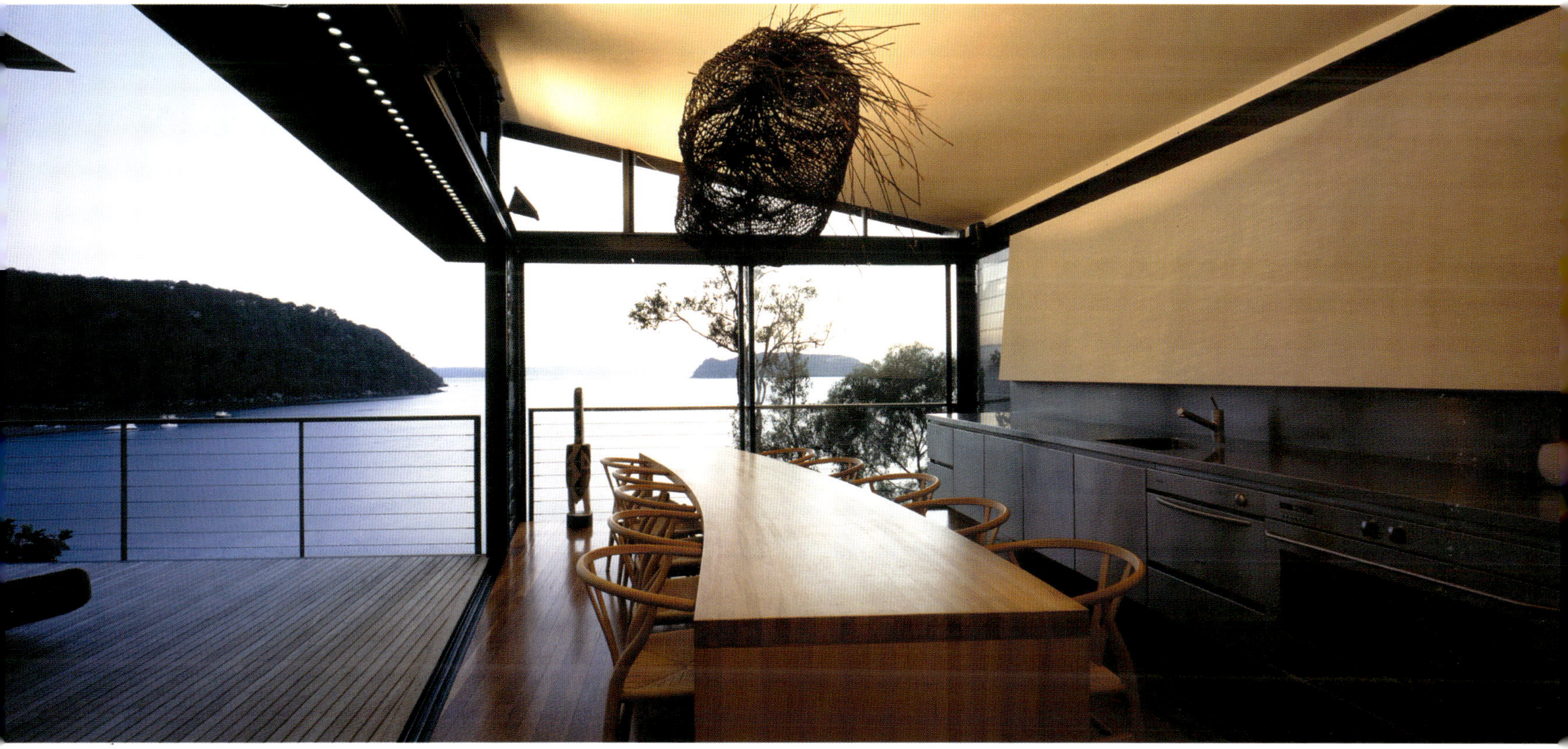

David Chipperfield
Casa en Galicia

Corrubedo, Galicia, España

Esta casa ocupa un solar de la calle principal del pequeño pueblo pesquero gallego de Corrubedo. Asentada en el límite norte de una gran bahía protegida, al noroeste de la costa atlántica española, el emplazamiento ofrece unas vistas espectaculares sobre el embarcadero y el mar. A diferencia del resto de edificios que se alinean a lo largo del puerto y que dan la espalda al mar, esta casa pretende explotar las vistas fruto de su privilegiada situación y orienta todos sus espacios interiores hacia el océano.

Desde el mar, el abanico de edificios de Corrubedo, independientes y aparentemente colocados de forma aleatoria, forman una especie de elevación en el perfil del pueblo, una delgada línea construida que, aunque se compone de casas de varias alturas y geometrías, todavía se presenta como una colocación sólida y unificada. La incorporación de una nueva casa con diferentes prioridades tuvo que considerar su lugar dentro de este muro. Tratando de ofrecer una sensación de continuidad, la casa se sitúa sobre una roca sólida y una base de hormigón, y su cuerpo superior, como las casas vecinas, se encuentra salpicado por pequeñas aberturas. Colocada como una bandeja sobre estos dos elementos, ocupa todo el ancho de la casa una gran ventana panorámica, que proporciona amplias perspectivas a lo largo de la playa y el puerto.

Más que oponer resistencia a las geometrías de su alrededor, esta casa las adopta en su propia forma. Esta estrategia se hace más aparente en la parte del edificio adyacente a la calle, donde el volumen de las casas colindantes se prolonga a través del edificio, dictando su composición formal. En su interior, esta trama se repite en las escaleras, los dormitorios y los espacios de estar articulados según diferentes geometrías, mientras que en la parte superior de la casa, introduciendo un contorno propio más orgánico, se ha proyectado una gran terraza cerrada que proporciona una panorámica protegida del mar. Mirando desde esta terraza, se puede considerar que la casa mantiene un sentido de continuidad con el resto del sector del puerto, al mismo tiempo que su perfil, los espacios angulares y los muros blancos también ofrecen algo diferente y llamativo.

Fotógrafo: Hélène Binet

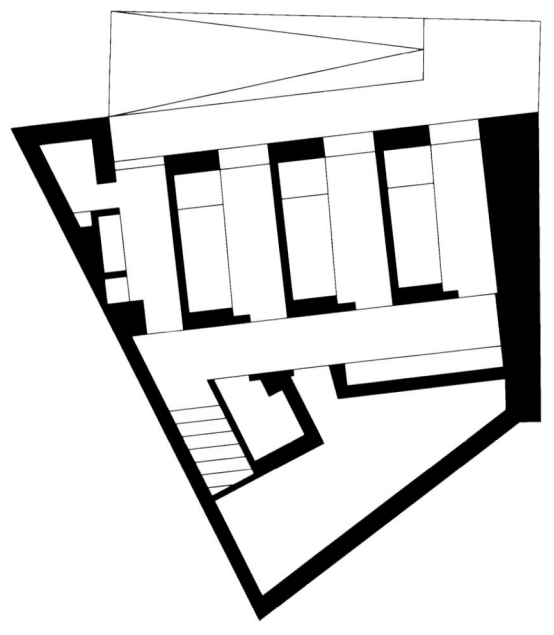

Primera planta

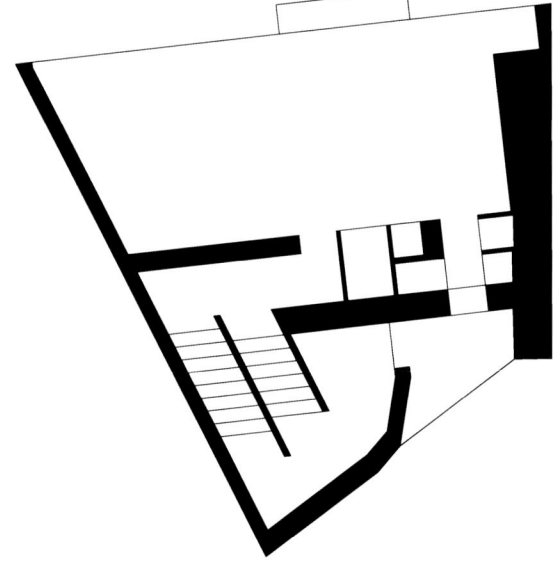

Segunda planta

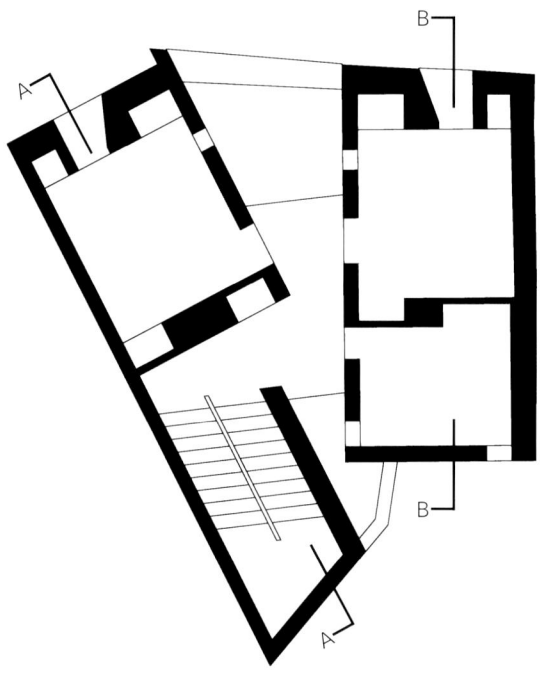

Tercera planta

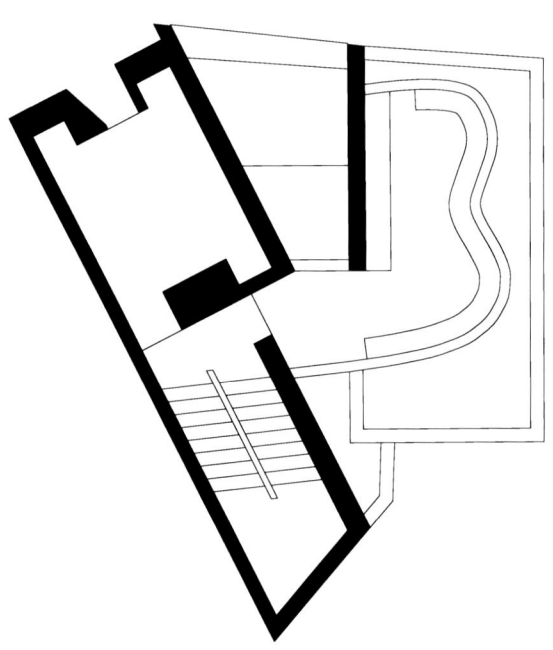

Cuarta planta

Alzado - mar

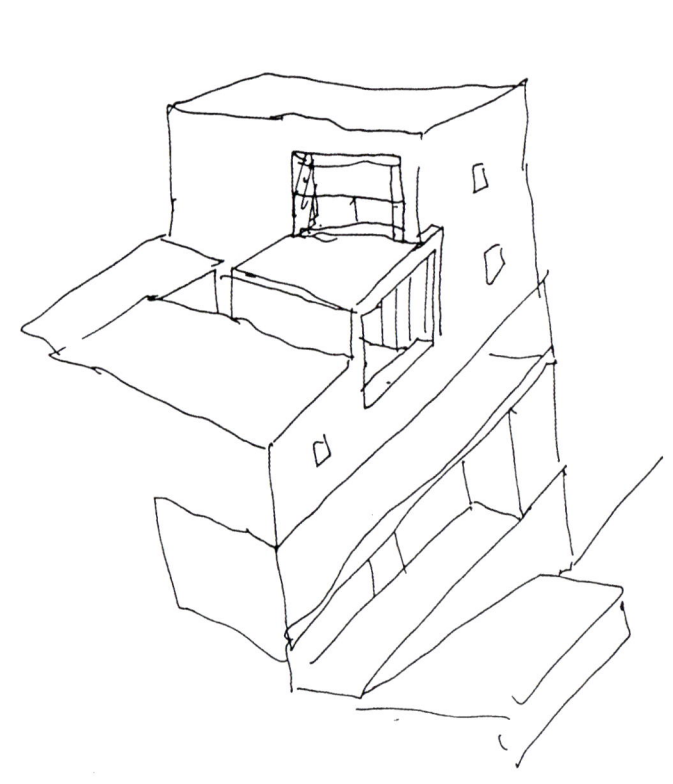

Alzado - calle

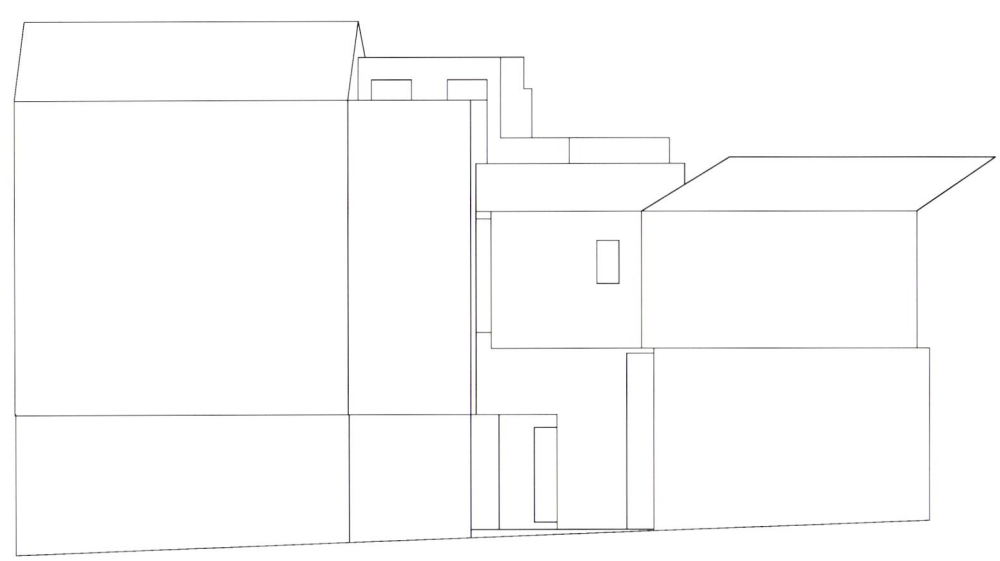

Sección A

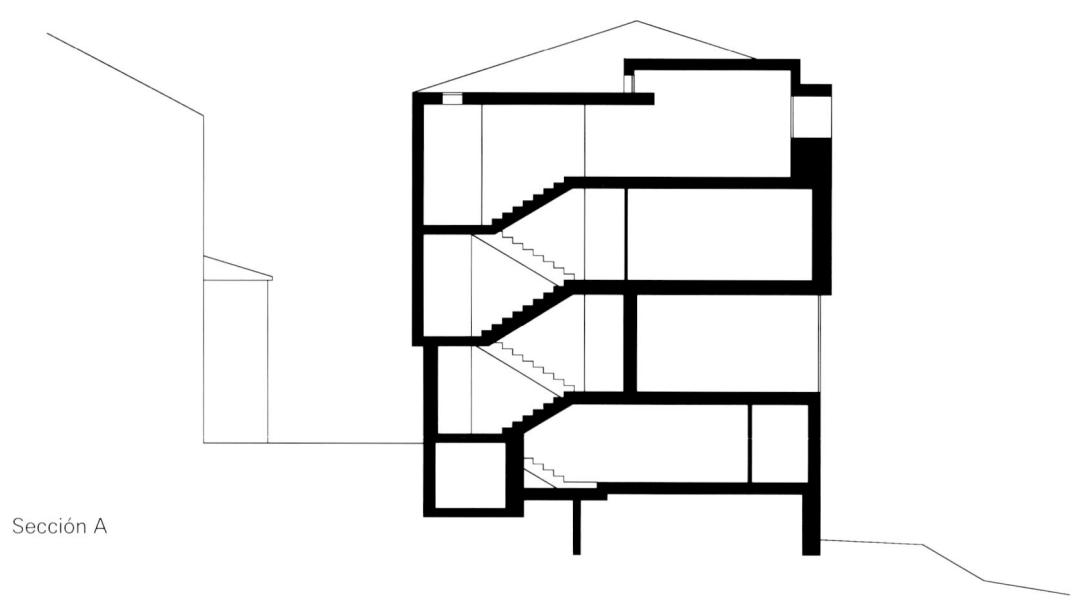

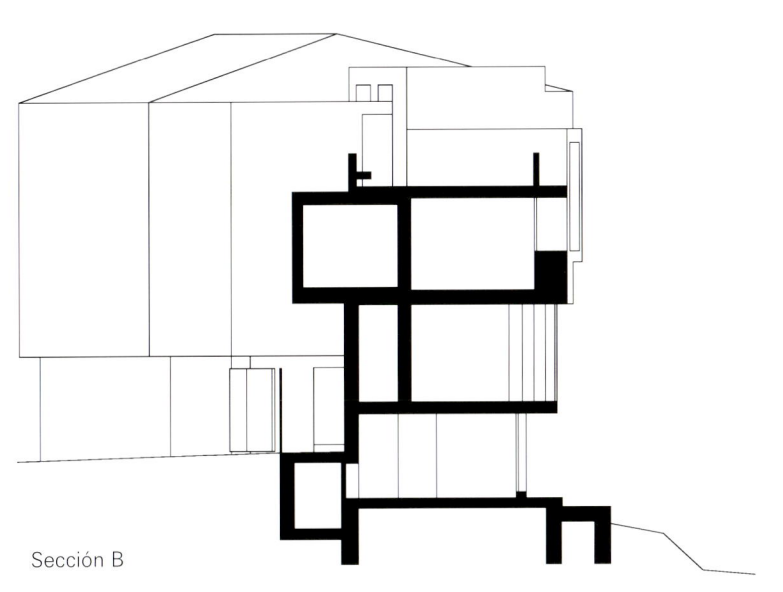

Sección B

Jarmund / Vignæs Architects
Casa frente al océano

Stavanger, Noruega

Esta excepcional casa, abierta a una panorámica privilegiada, se encuentra excavada en el terreno, y desde ella –e incluso a través de ella– se ofrecen unas vistas sin obstrucciones del Océano Atlántico. En efecto, estas vistas se perciben ya desde la calle pública que discurre tras la construcción y que protege el edificio del viento.

Los dormitorios se organizan ante espacios exteriores naturalmente resguardados que proporcionan vistas en primer plano, mientras que la sala de estar se establece como un gran mirador vidriado encarado al horizonte.

Los muros se han construido in situ con hormigón blanco. En general, los materiales utilizados guardan relación con las condiciones del lugar:

el hormigón cuenta entre sus componentes con arena blanca de la playa, y sobre las cubiertas se han colocado mantos de césped y cantos rodados procedentes de un río cercano, con lo que desde arriba la casa se difumina en el paisaje que la aloja. En el interior las superficies de hormigón se han mantenido en su mayoría sin tratar, excepto ciertas partes que se han revestido con roble blanqueado, u otras que se han cubierto con aluminio y con alfombras de fibra vegetal –sisal– o baldosas turquesa. La relación con el océano puede percibirse incluso en el aluminio de los perfiles y de la carpintería de las ventanas, que tamizan la luz del sol como lo haría la niebla del mar.

Fotógrafo: Nils Petter Dale

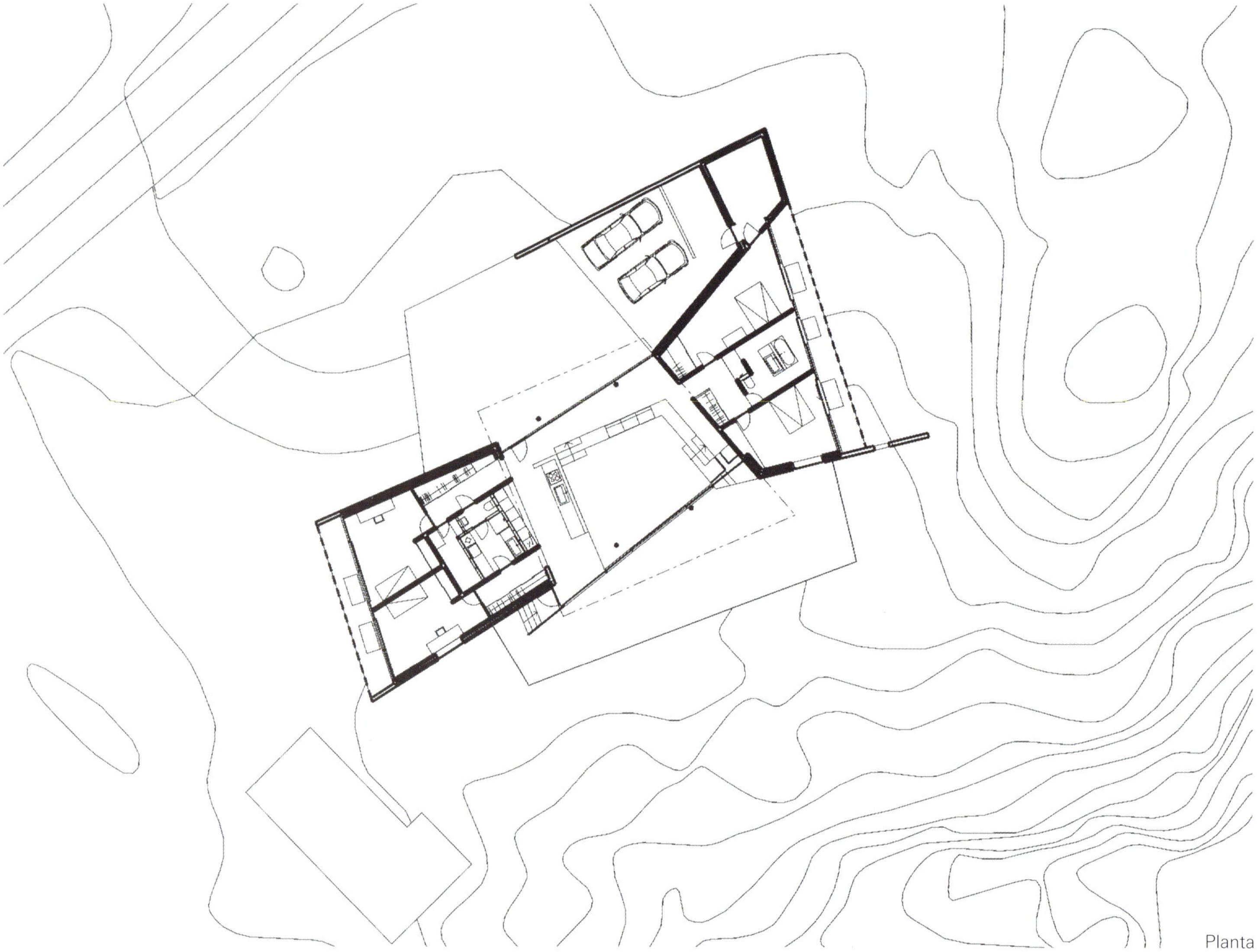

Planta

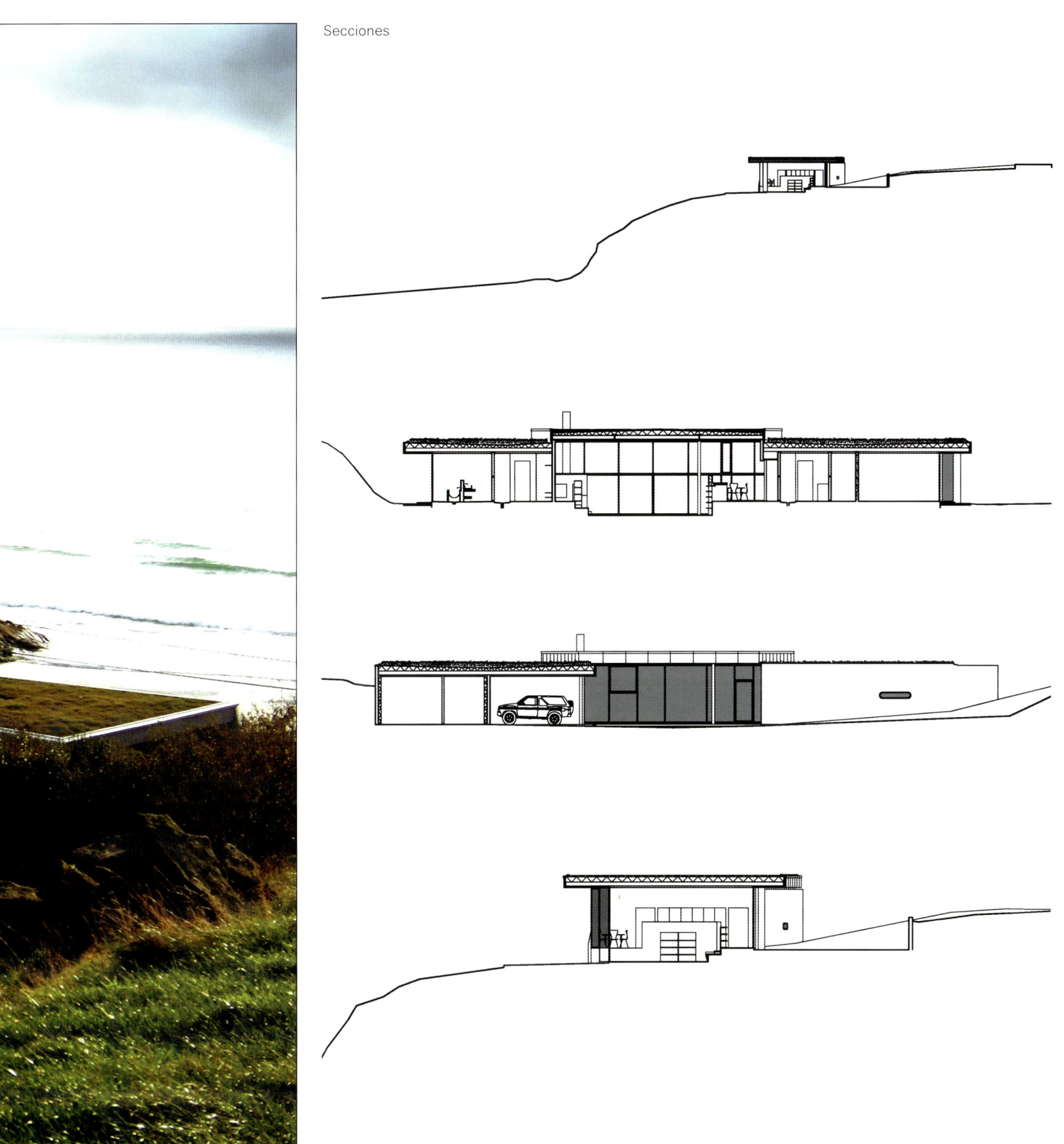

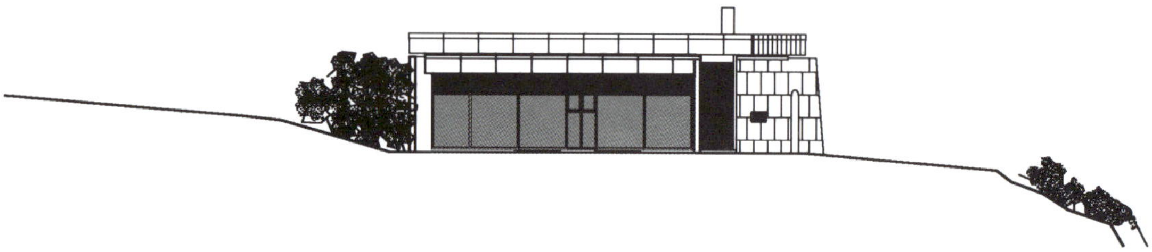

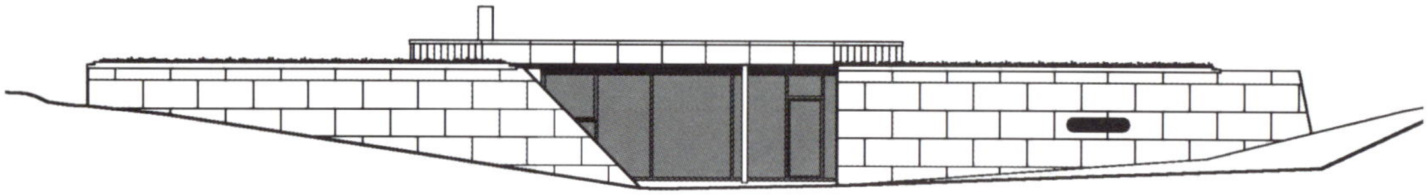

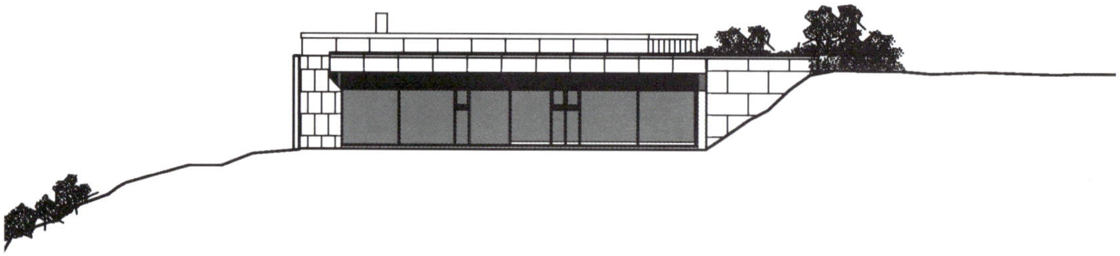

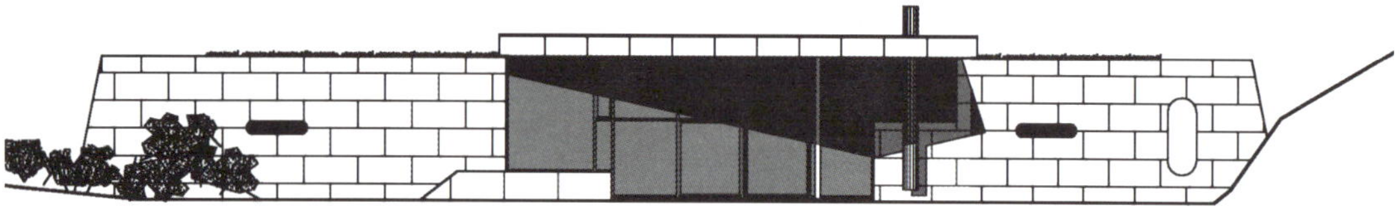

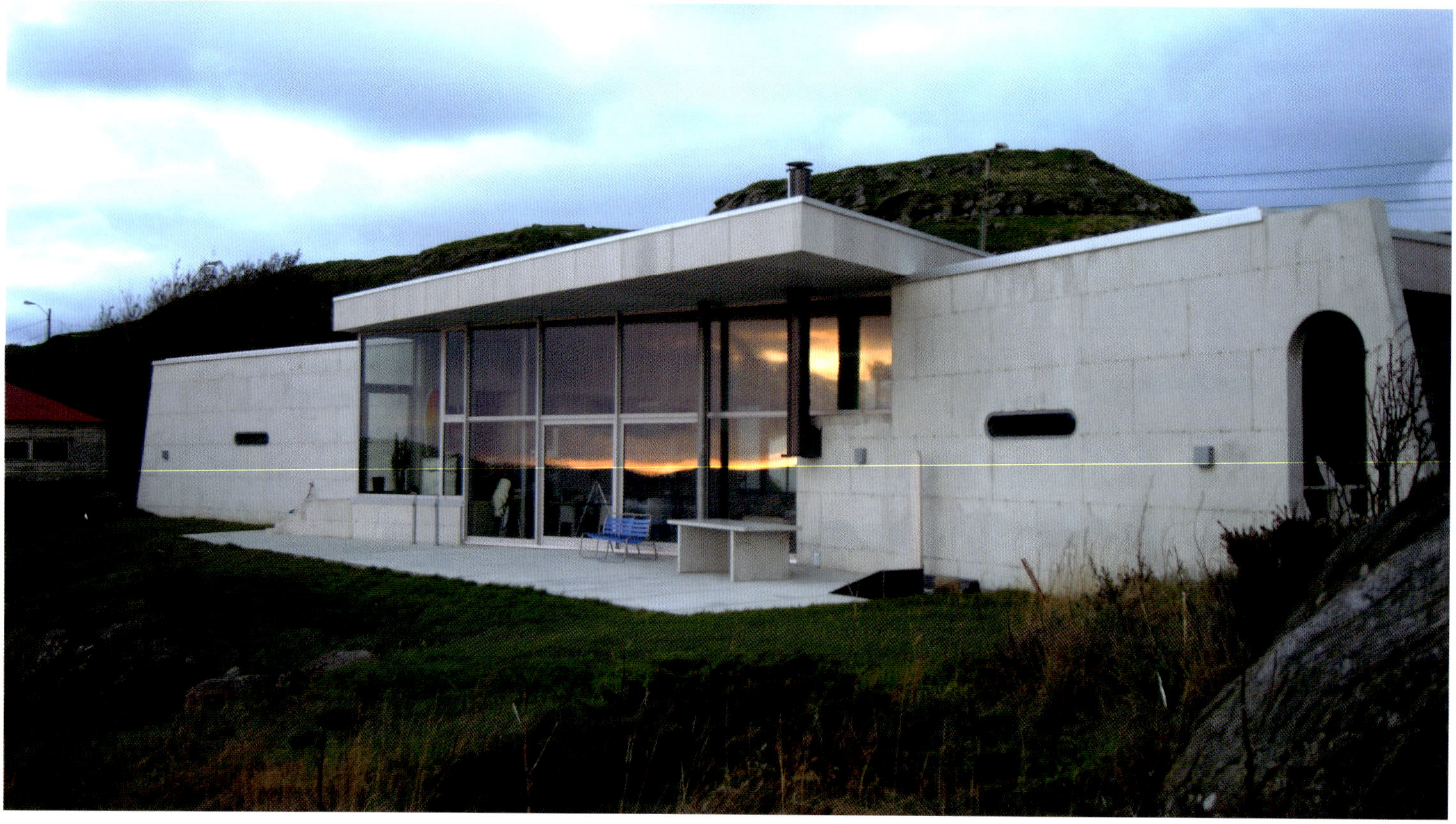

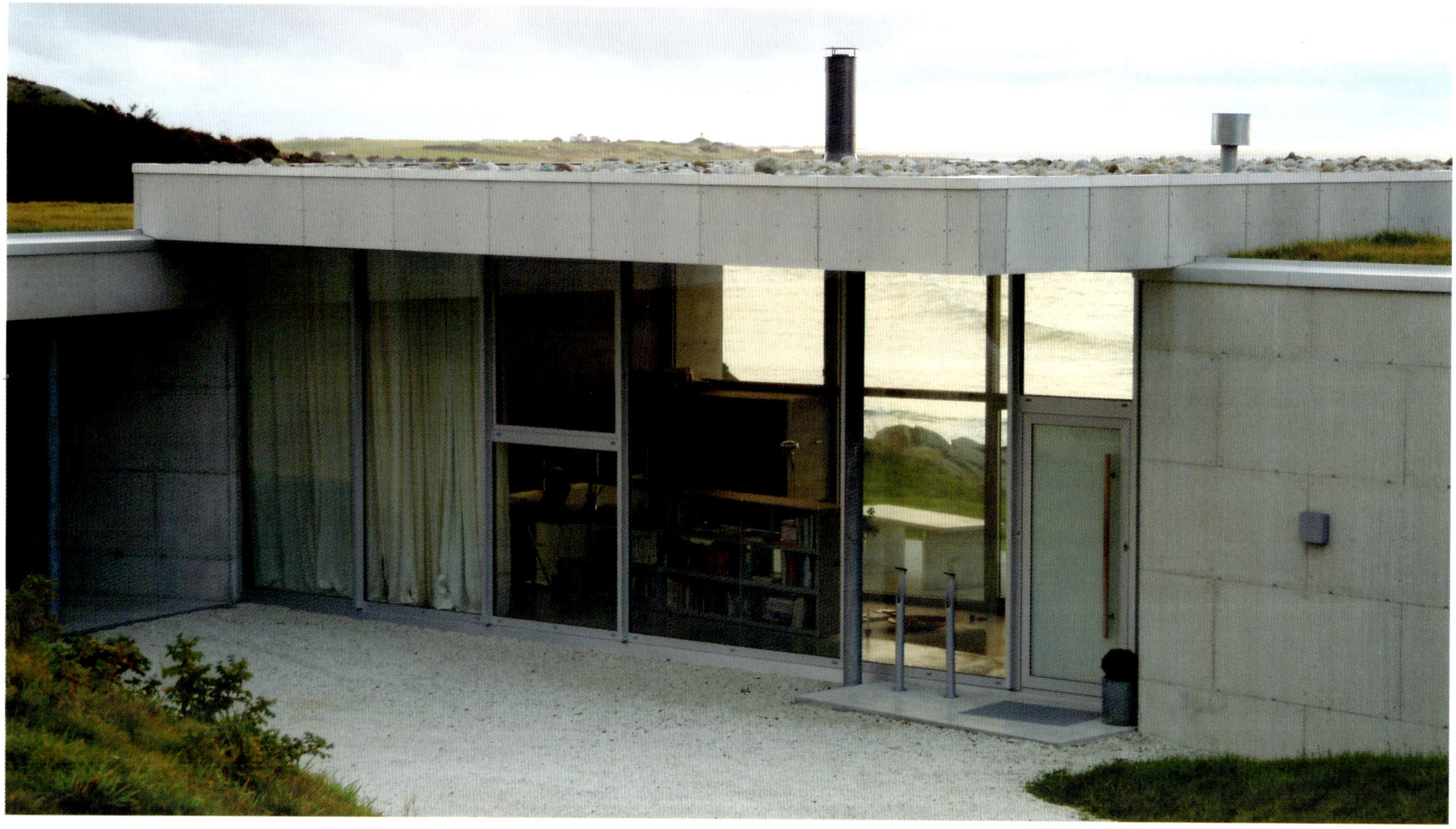

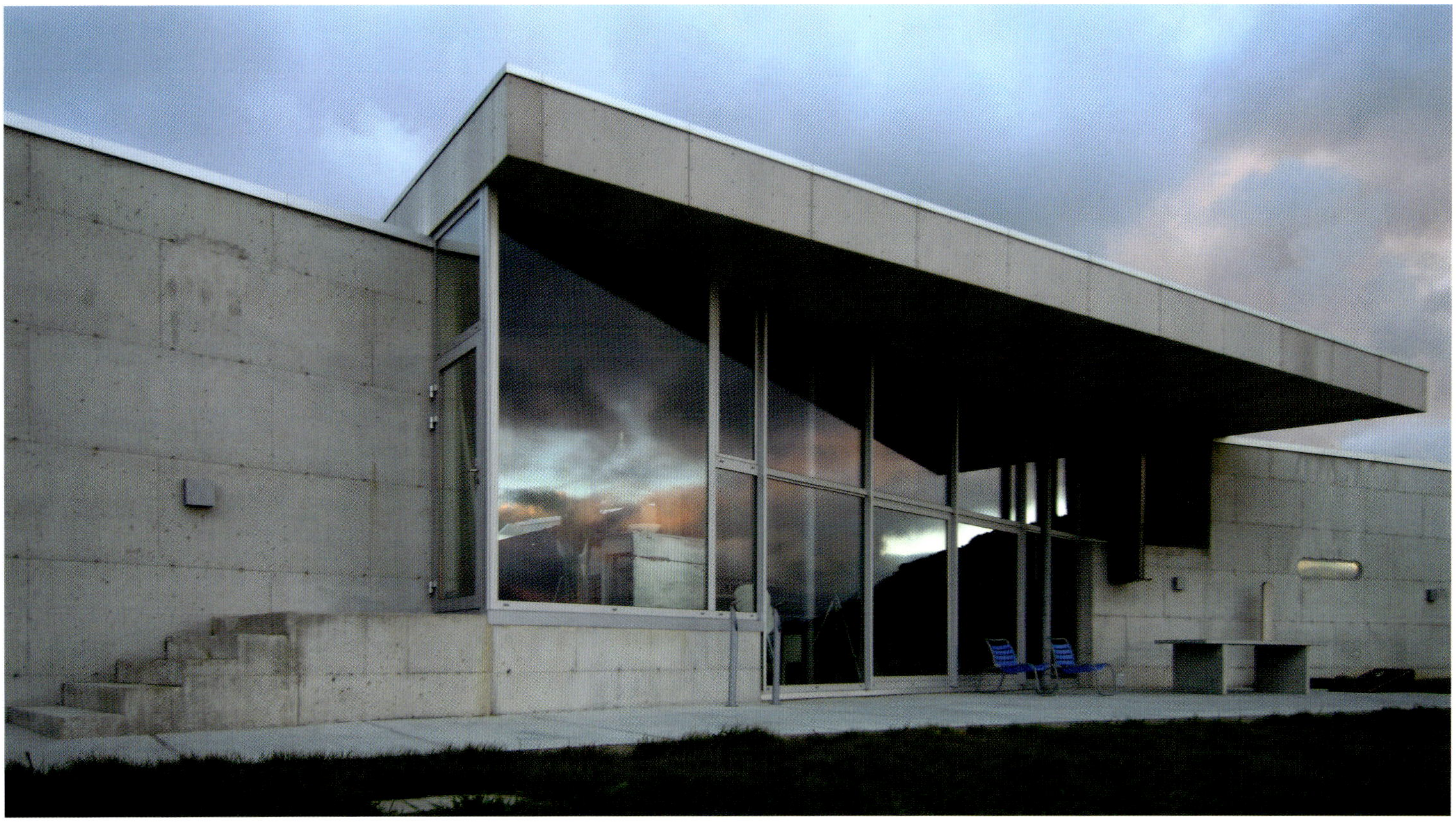

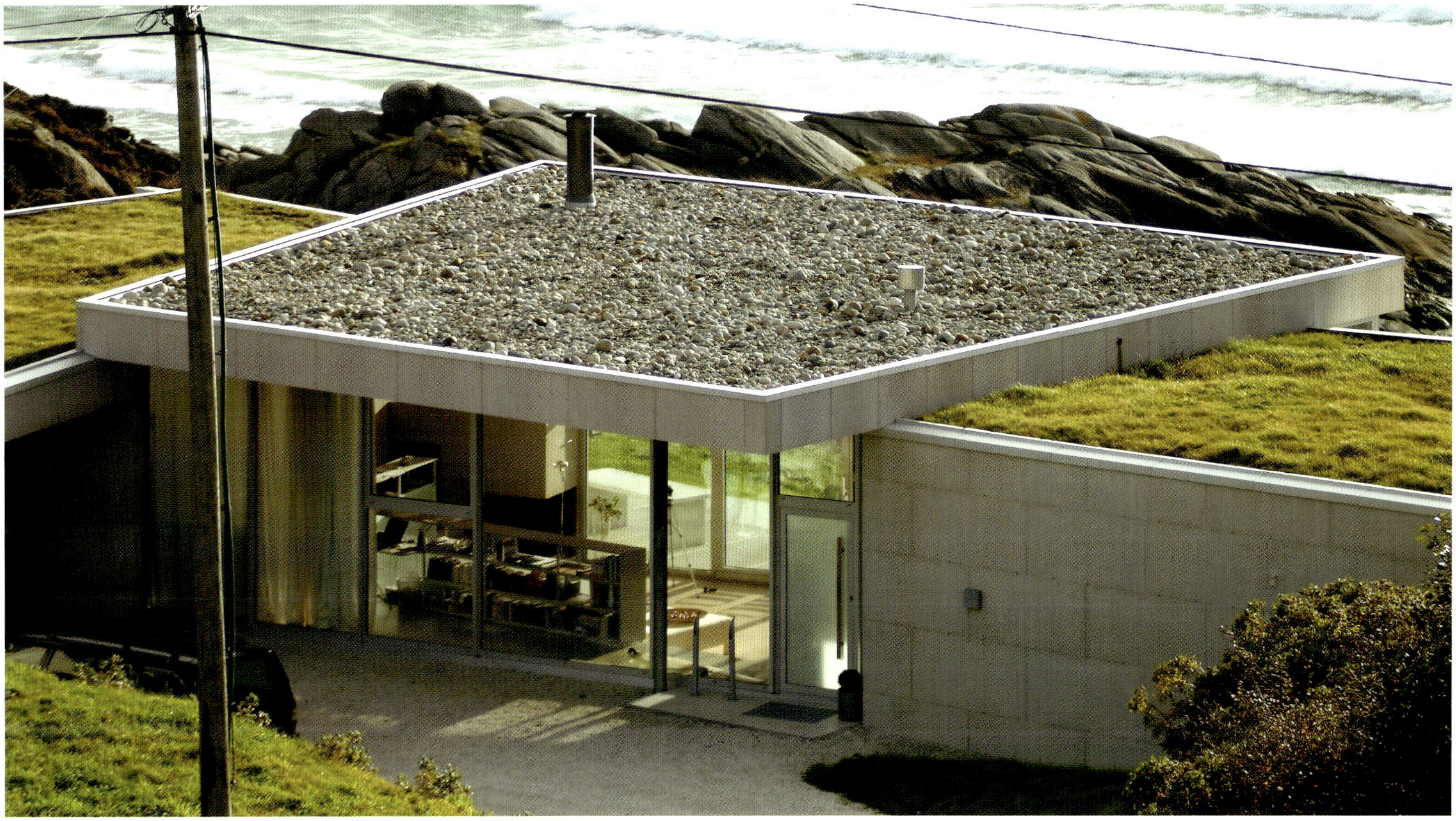

Jaime Sanahuja
Casa unifamiliar aislada

Oropesa, España

La casa, vivienda unifamiliar de verano y de fines de semana para una familia numerosa, se sitúa en una de las laderas de una nueva urbanización con magníficas vistas sobre el mar y una óptima orientación Sur-Este que ha jugado un gran protagonismo en la implantación del edificio en la parcela.

El proyecto ordena todos los espacios exteriores aprovechando el fuerte desnivel de la parcela. Así, organiza un gran sótano-aparcamiento, con un área cerrada más privada y otra abierta de carácter más público y desde la que parte el vestíbulo principal de acceso a la zona habitable. En la planta sótano también se ubican las dependencias del servicio y los cuartos técnicos.

El resto de la parcela se aterraza en distintas plataformas horizontales que van subiendo hasta el nivel de la vivienda donde se conforma la terraza principal, situada entre la vivienda y la piscina

–que funciona como horizonte sobre el mar– y un sesteador en el extremo oeste, privilegiado por los vientos y las vistas hacia Benicásim.

El programa de la vivienda requería su desarrollo prácticamente en una sola planta, mientras que la planta piso aloja la zona de invitados y una sala-estudio. Ésta útima, por un lado, crea un rico espacio interior a doble altura sobre el estar y por el otro ayuda a configurar la volumetría exterior, articulándose respecto a los volúmenes en que se fragmenta la planta principal.

La simplificación en el uso de los materiales y colores –mármol capri, revoco blanco al exterior y paredes blancas al interior– unifican la percepción de toda la vivienda, poniendo el énfasis en los planos horizontales de terrazas y balcones y las grandes superficies acristaladas que intensifican la relación interior-exterior y nos enseñan el bellísimo panorama exterior.

Fotógrafo: José Luis Hausmann

Planta sótano

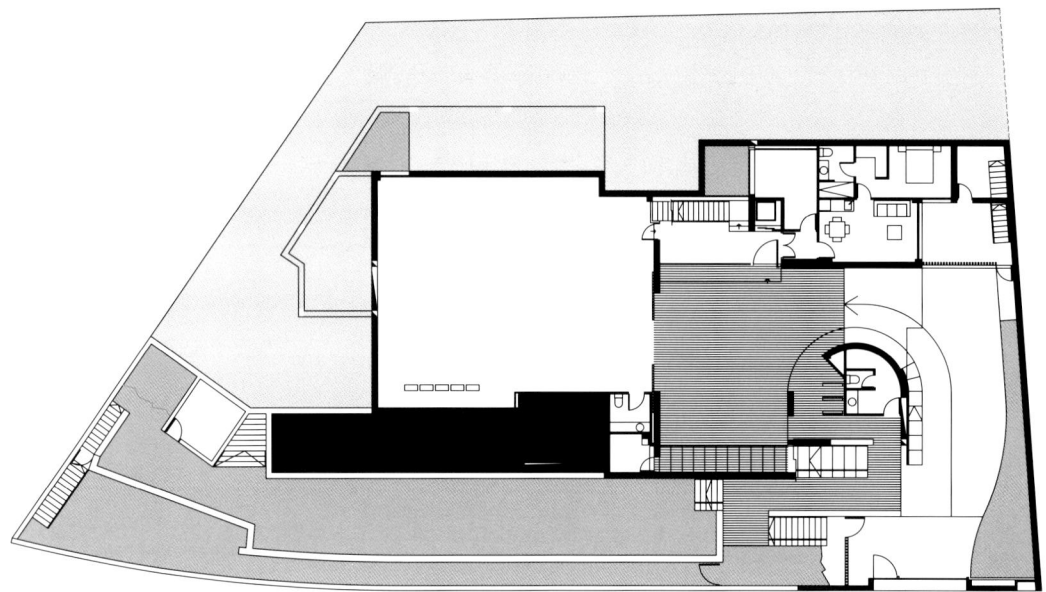

Planta baja

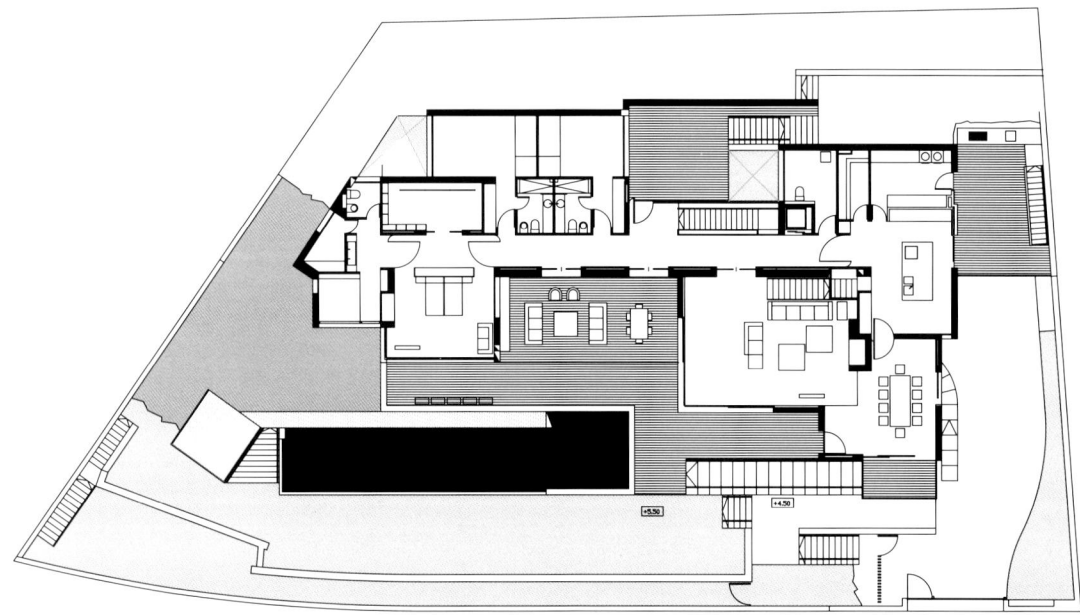

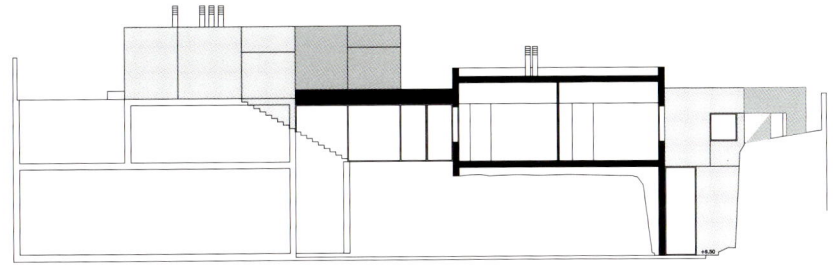

Planta primera

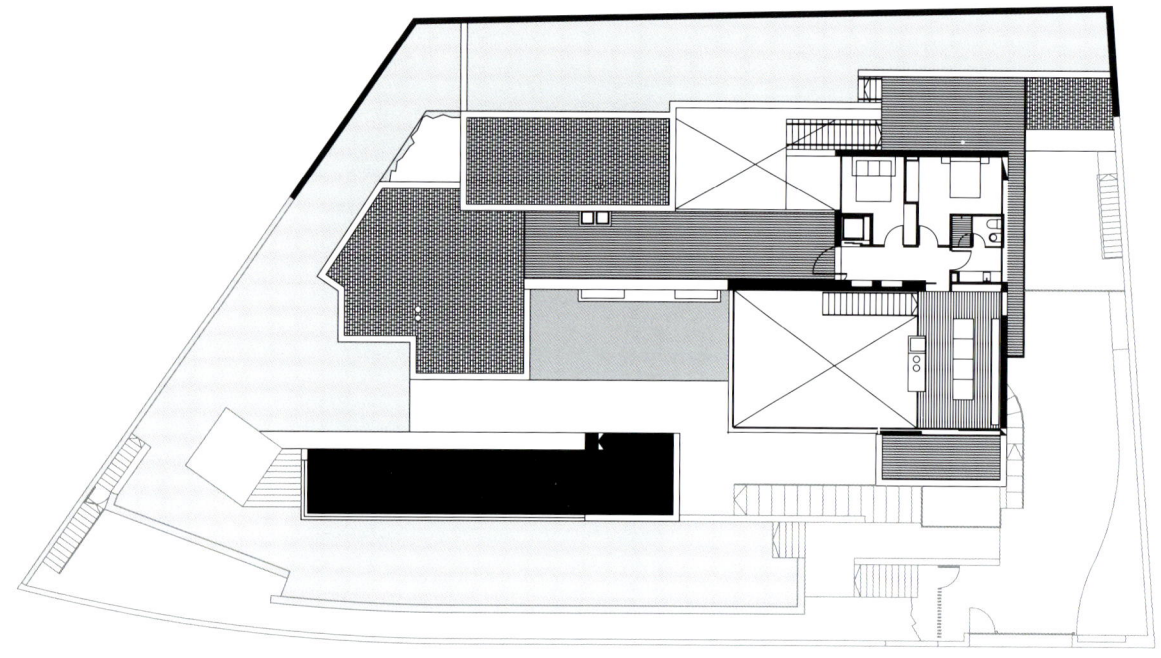

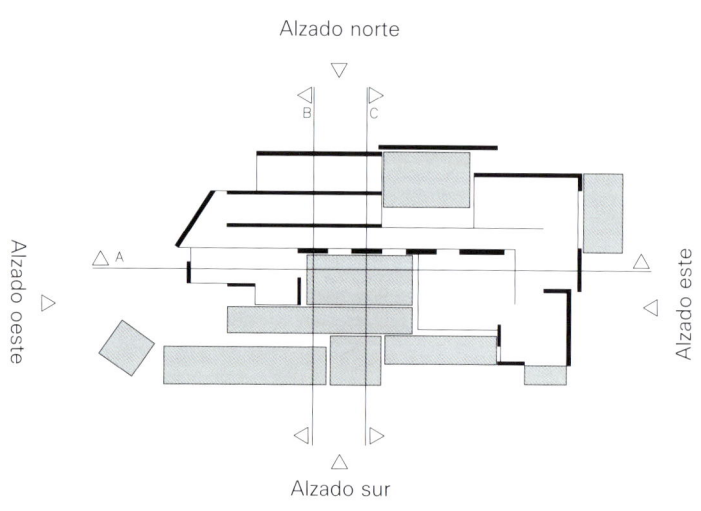

Alzado norte

B   C

Alzado oeste

A

Alzado este

Alzado sur

Alzado sur

Sección A

La planta, debido a su posición respecto de las privilegiadas vistas, y atendiendo a su orientación, intenta resolver con espacialidad y elegancia los espacios de articulación y de transición entre las zonas de día y de noche, así como el acceso a las terrazas principales.

Alzado este

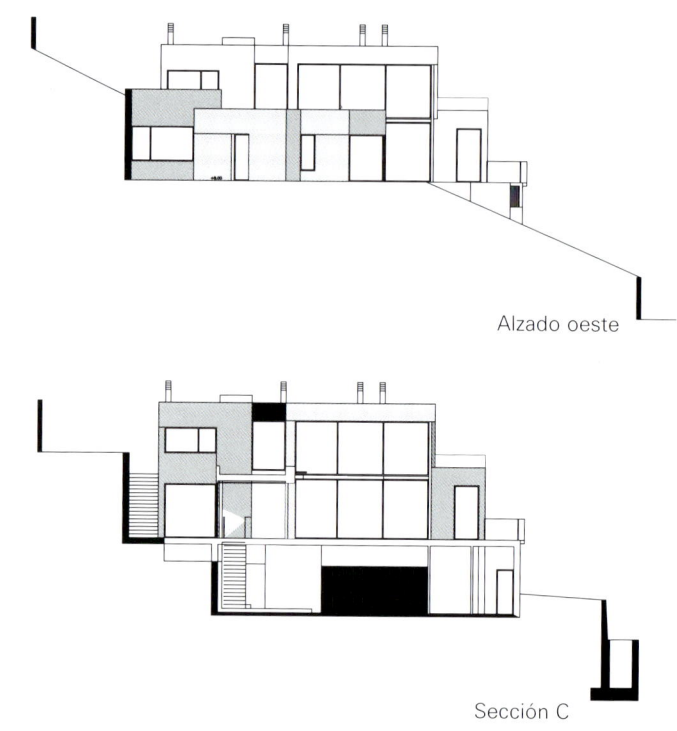

Alzado oeste

Sección B

Sección C

Con la vivienda y sus terrazas se configura un conjunto de volúmenes diversos que crean una nueva topografía artificial en la ladera en que se implanta.

Chiba Manabu Architects
Kashima Surf Villa

Kashima, Japón

Ubicada en un largo tramo de arena a pocos metros de la línea de la playa y separando casi literalmente la tierra del agua, la casa Kashima Surf presenta una arquitectura de diálogo entre los espacios y funciones públicos y privados, en armonía con la tensión "natural" existente entre el océano y la playa.

Concebida como una casa compartida para un grupo de amigos, donde la intimidad y la concurrencia de sus inquilinos imponían sus propios preceptos y necesidades, el arquitecto optó con éxito por crear dos pares de entidades espaciales comunicadas y sin embargo independientes. Por un lado, dos volúmenes en forma de caja definen un espacio privado de nueve dormitorios, agrupando cinco habitaciones en la fachada norte de la planta baja, y cuatro en la parte sur de la planta superior. En cada caja, el color de los muros interiores contrasta con el efecto de la luz natural: con los dormitorios que dan al norte pintados de blanco y los que dan al sur de negro, se crea el equilibrio de la luz en el interior. Por otro lado, la definición de estas dos cajas "dispuestas diagonalmente" manifiesta el "espacio negativo" que crea otra dirección en diagonal, enlazando visualmente un par de espacios compartidos –o públicos– de la planta baja con la planta primera. Sorprendentemente, las nociones habituales de planta baja y primera desaparecen, proporcionando una nueva dimensión a la percepción de los niveles de la casa: de hecho, la planta primera se constituye como la cubierta de la caja inferior. Desde la planta baja se asciende a través de una escalera que conduce a su "cubierta interior", acentuada por el uso de parquet de madera como pavimento. Para subrayar este efecto de suelo-cubierta, la segunda caja de dormitorios se colocó más elevada, independiente del resto del espacio, de forma que crea una tercera planta. De este modo de establecer los niveles surge un pequeño espacio muy especial, ubicado entre estos dos ambientes: detrás de la parte superior de la escalera, un cuarto de baja altura fuerza al usuario a sentarse en el suelo, como en una sala de té, y desde esta posición contemplar el océano en el horizonte.

Aunque la dialéctica de dos espacios entrecruzados está presente en muchos de los diseños residenciales del arquitecto, el intervalo espacial entre los dos "polos" de la casa Kashima Surf es mucho más amplio y definido.

Fotógrafo: Nácàsa & Partners

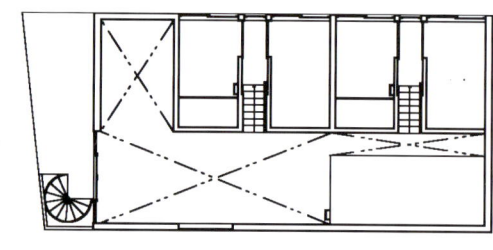

Planta segunda

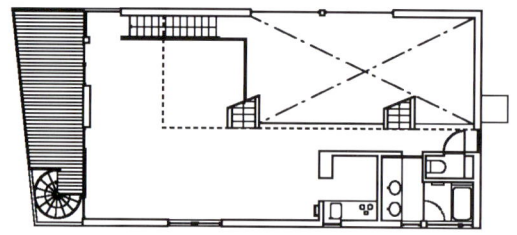

Planta primera

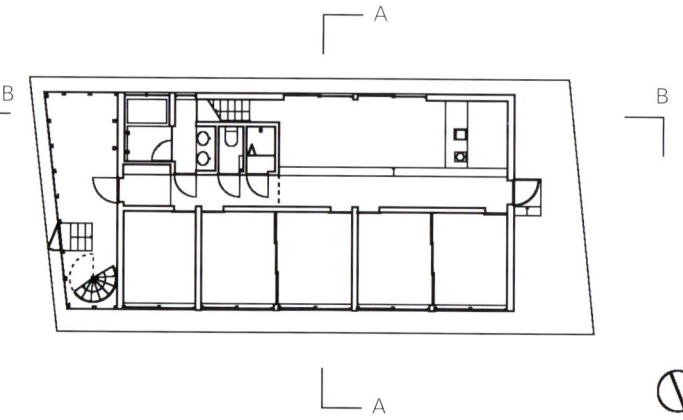

Planta baja

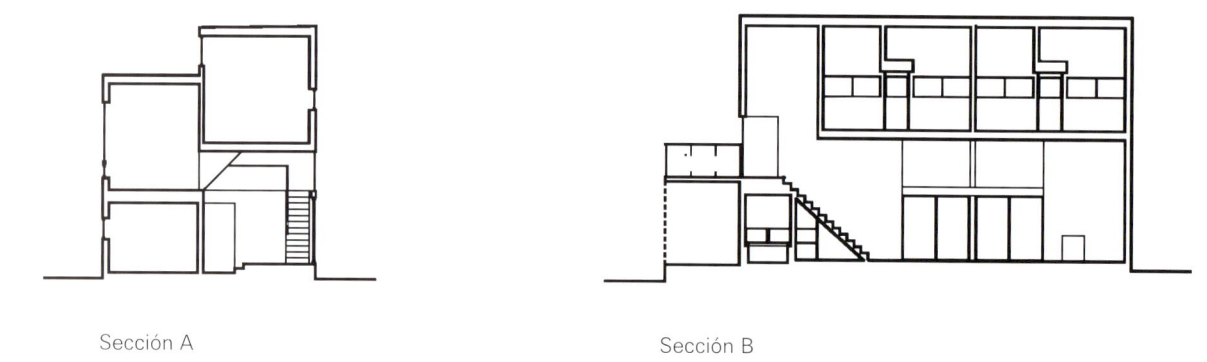

Sección A

Sección B

Carlos Ferrater - Joan Guibernau

Casa Tagomago

Ibiza, España

La casa se sitúa en la zona noreste de la isla de Ibiza, al norte del término municipal de Santa Eulàlia, en un entorno de paisaje mediterráneo de pinos y sabinas, frente al mar y la isla de Tagomago, en un terreno con ligera pendiente hacia el acantilado. Debido a su utilización como casa de vacaciones se propuso una organización dependiente de un núcleo de vivienda principal y otras piezas o pequeños pabellones autónomos. Esto permite un uso progresivo y flexible según el número de habitantes. La articulación de la vivienda a través de un eje longitudinal nos ofrece piezas aisladas perfectamente orientadas que pueden ser independientes.

El proyecto crece a la manera de las construcciones rurales, por adición de diferentes piezas y estancias, dando una gran importancia a los recorridos espaciales y ambientales entre estos volúmenes de piedra blanca de marés frente al sol y la luz mediterránea. Se consigue así una ambientación que recuerda la arquitectura árabe y del sur del Mediterráneo, ofreciendo al tiempo un climax reposado y sereno casi propio de una construcción monástica. A ello también contribuye la utilización de dos materiales en estado puro, no sujetos a manipulación: piedra de marés y hormigón blanco lavado "in situ". La ausencia de ajardinamiento, conservando o restituyendo el paisaje natural cercano a la edificación, potencia la imagen subliminal de la intervención.

El programa permite una flexibilidad de usos y de utilización de elementos constructivos tradicionales como son el hormigón, la piedra y la madera. La sala de estar se abre hacia una gran terraza de madera que actúa de espacio de relación común al aire libre. Una gran marquesina de hormigón armado a modo de porche, junto a la piscina, de color blanco como la piedra, forman parte de este espacio exterior.

Junto a las dependencias principales se encuentran los cuatro pequeños pabellones para los hijos, pensados para que puedan adaptarse en un futuro, si los miembros de la familia aumentan.

Por último, la habitación de invitados sobre la que hay una terraza *solarium*.

A pesar de utilizar materiales tradicionales, el sistema constructivo es completamente contemporáneo, ya que se ha utilizado un muro de carga interior, de bloque de hormigón impermeabilizado en el exterior con una cámara de aire con aislamiento térmico, y una piel exterior de bloque de piedra tradicional de 15x40x80 cm., autoportante y anclada en pared resistente con flejes de acero inoxidable. Asimismo la piedra se ha hidrofugado para evitar el paso del agua, debido a la gran porosidad.

Fotógrafo: Alejo Bagué

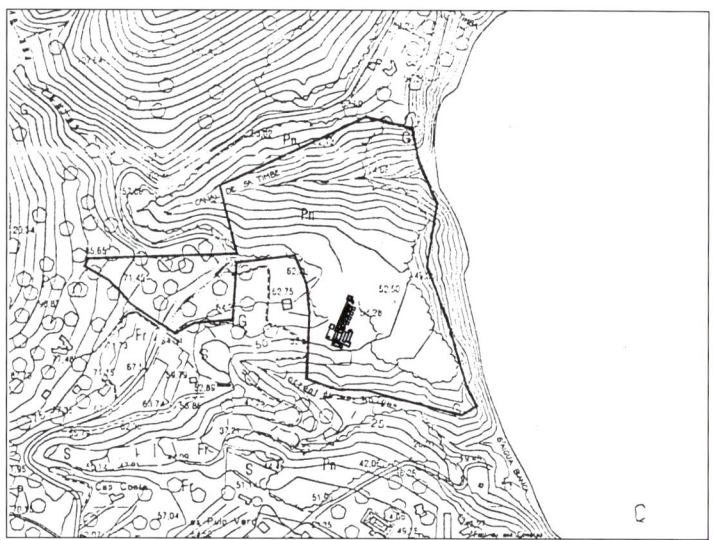

La organización de los espacios de la casa, compuesta por piezas autónomas y aisladas, permite crear una serie de espacios abiertos, patios, porches, terrazas, que establecen límites imprecisos entre el interior y el exterior.

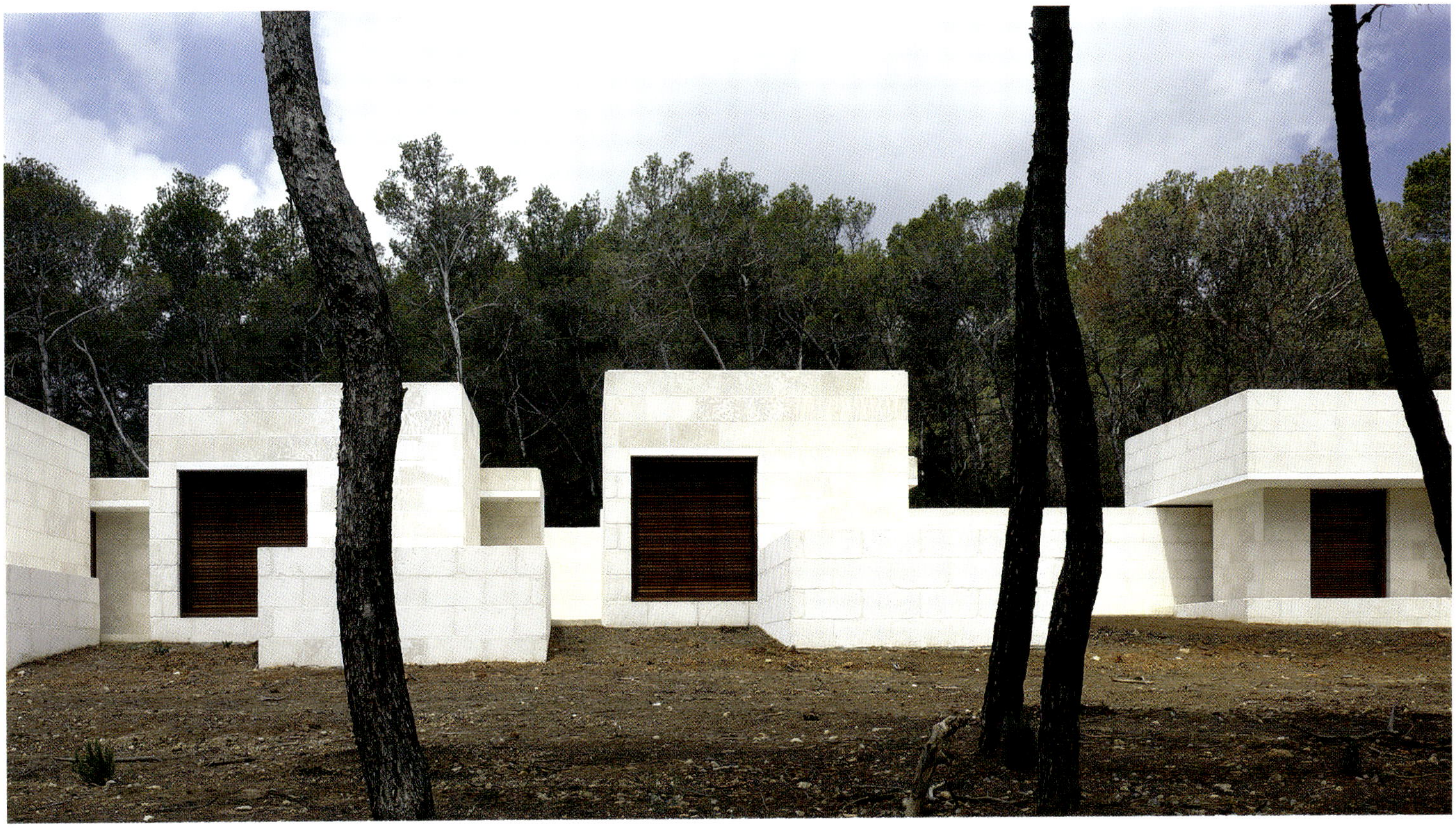
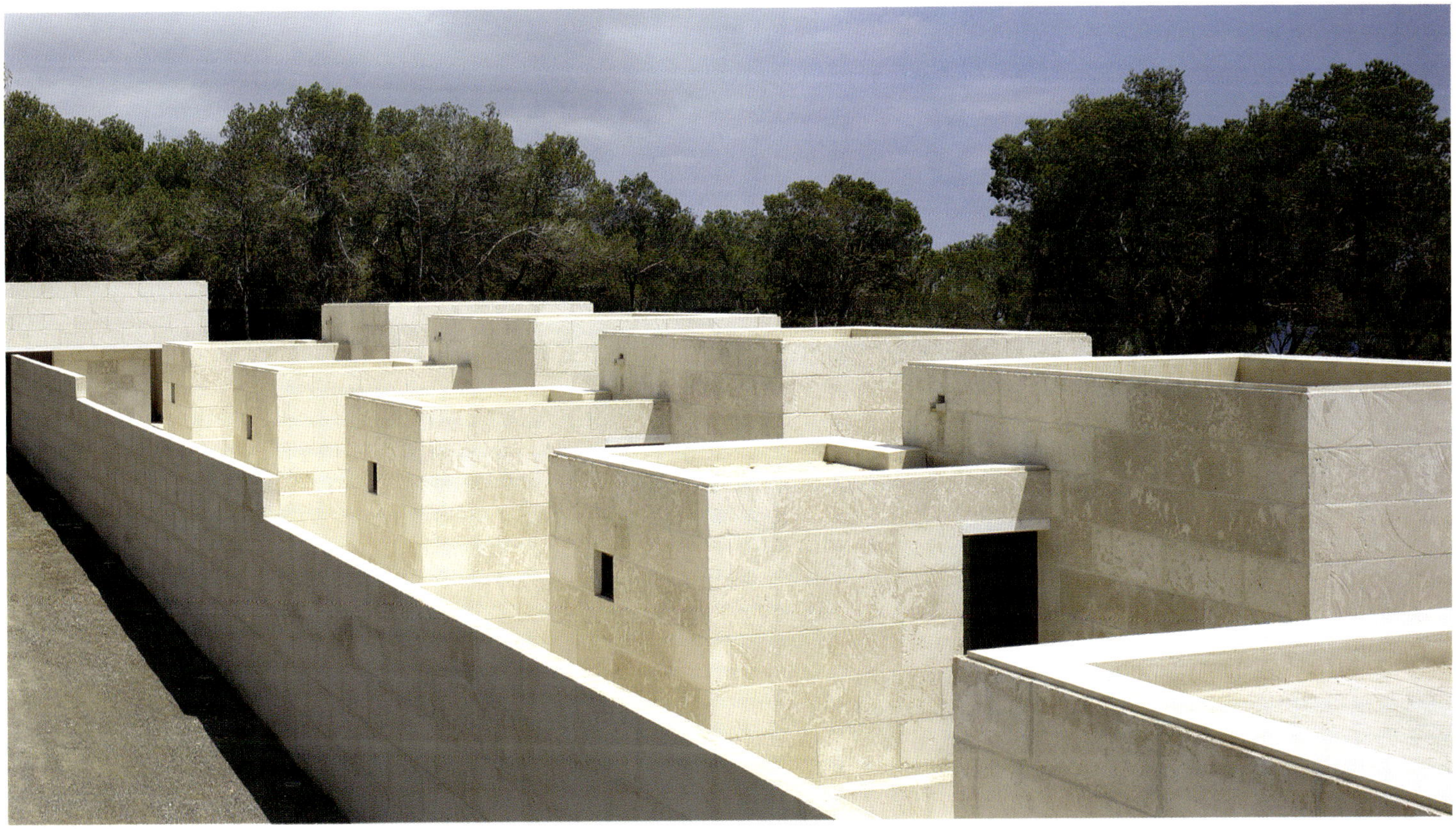

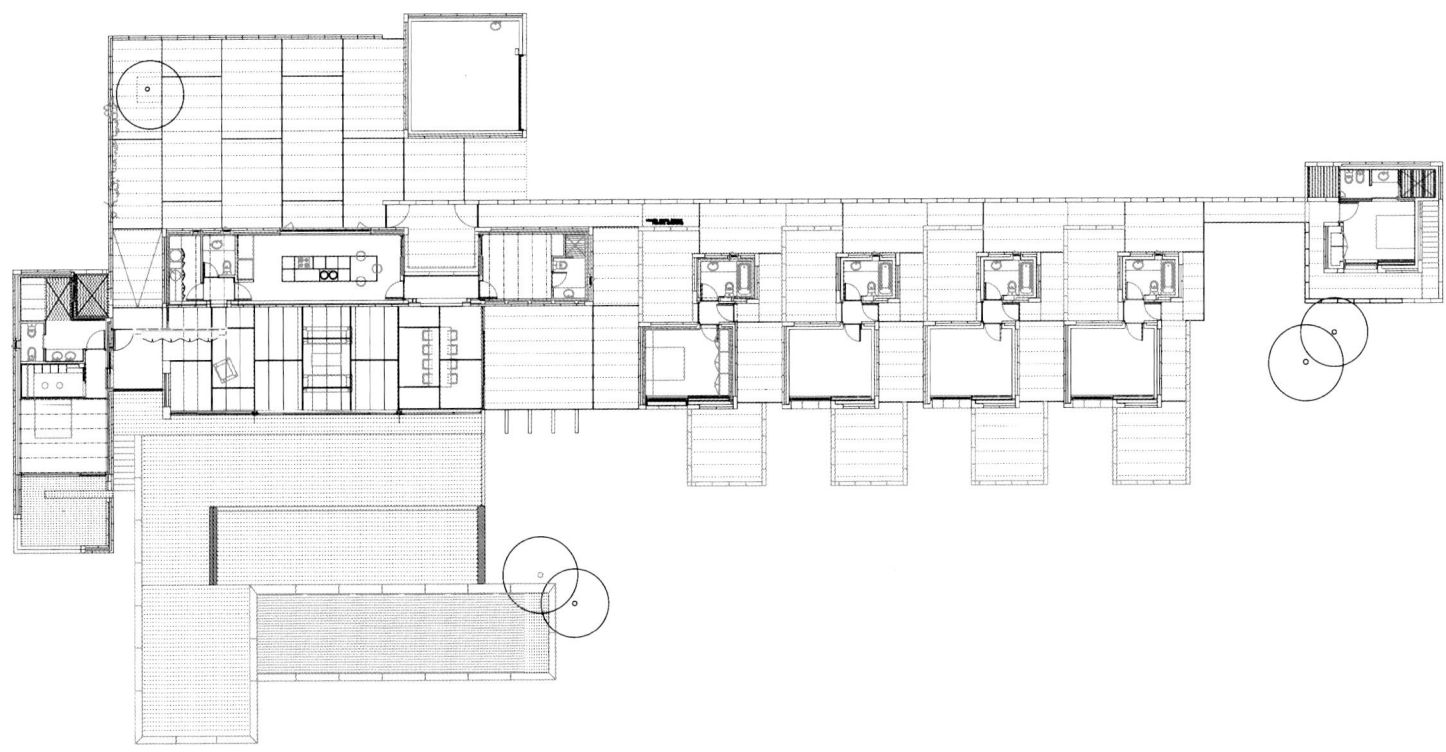

Planta y secciones

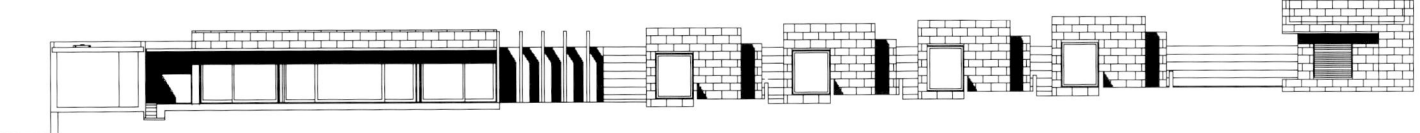

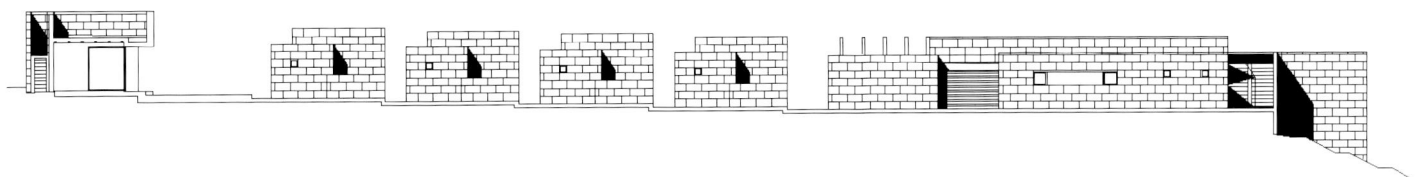

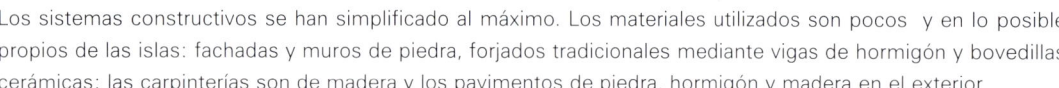

Los sistemas constructivos se han simplificado al máximo. Los materiales utilizados son pocos y en lo posible propios de las islas: fachadas y muros de piedra, forjados tradicionales mediante vigas de hormigón y bovedillas cerámicas; las carpinterías son de madera y los pavimentos de piedra, hormigón y madera en el exterior.

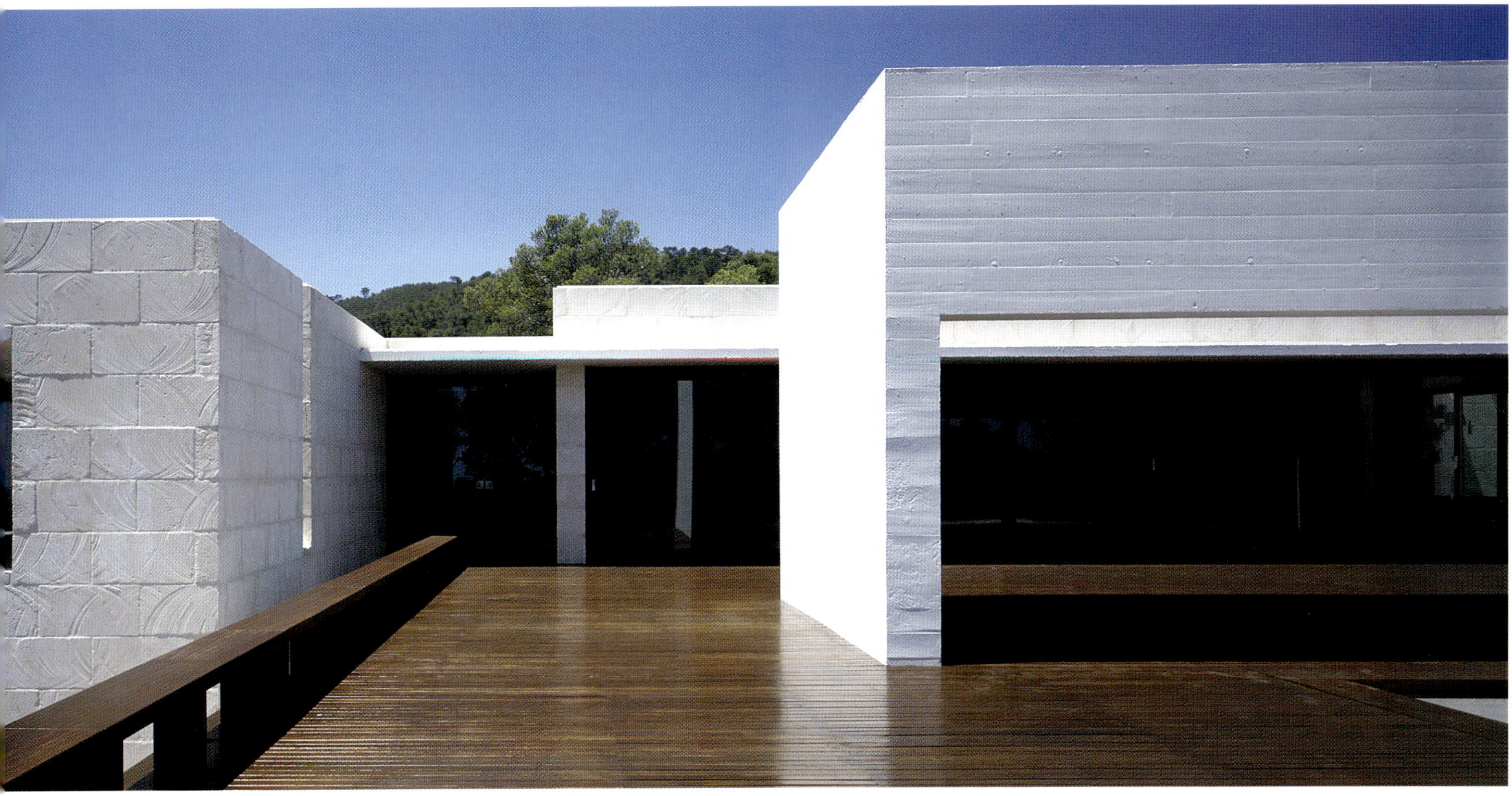

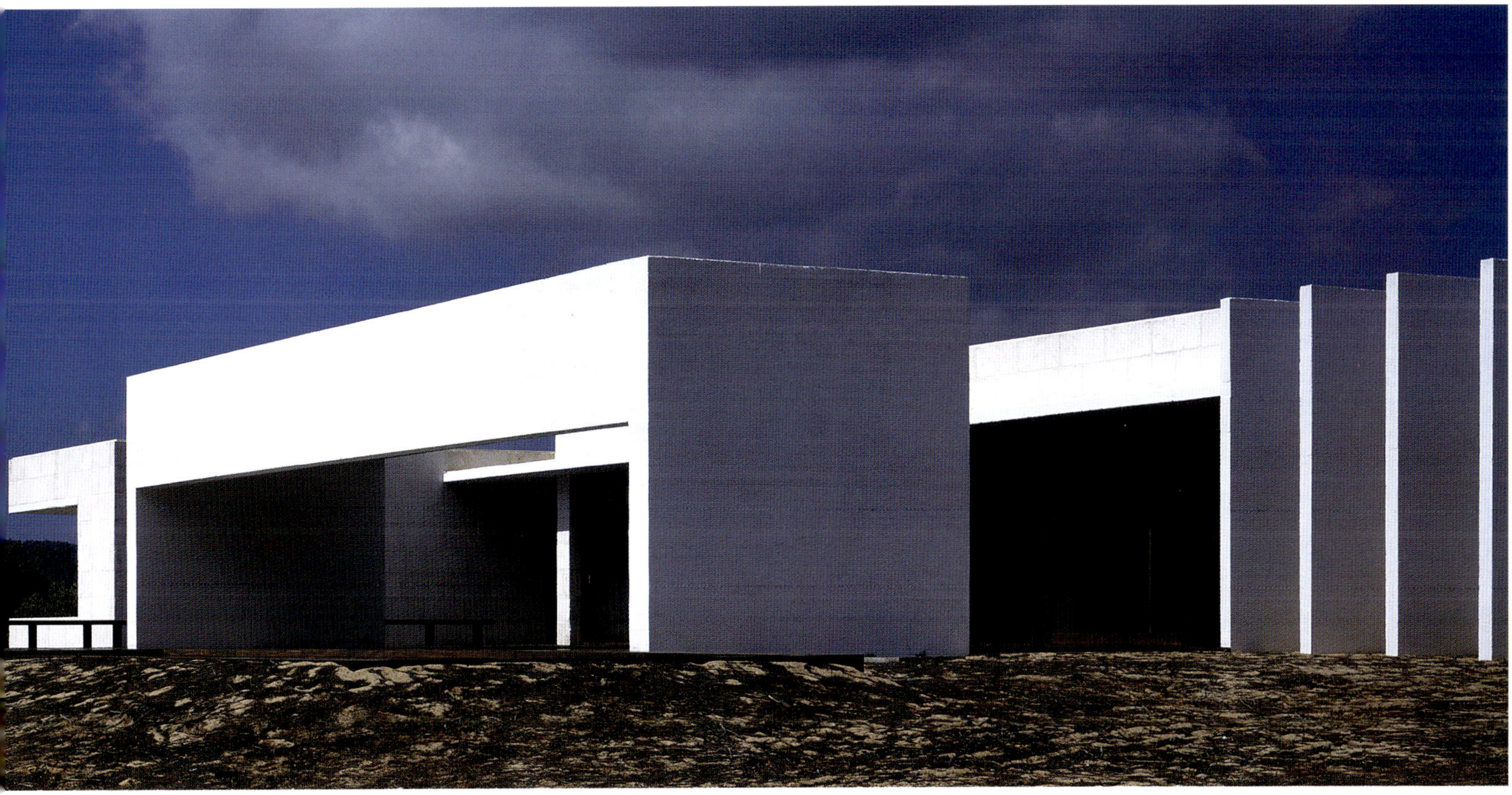

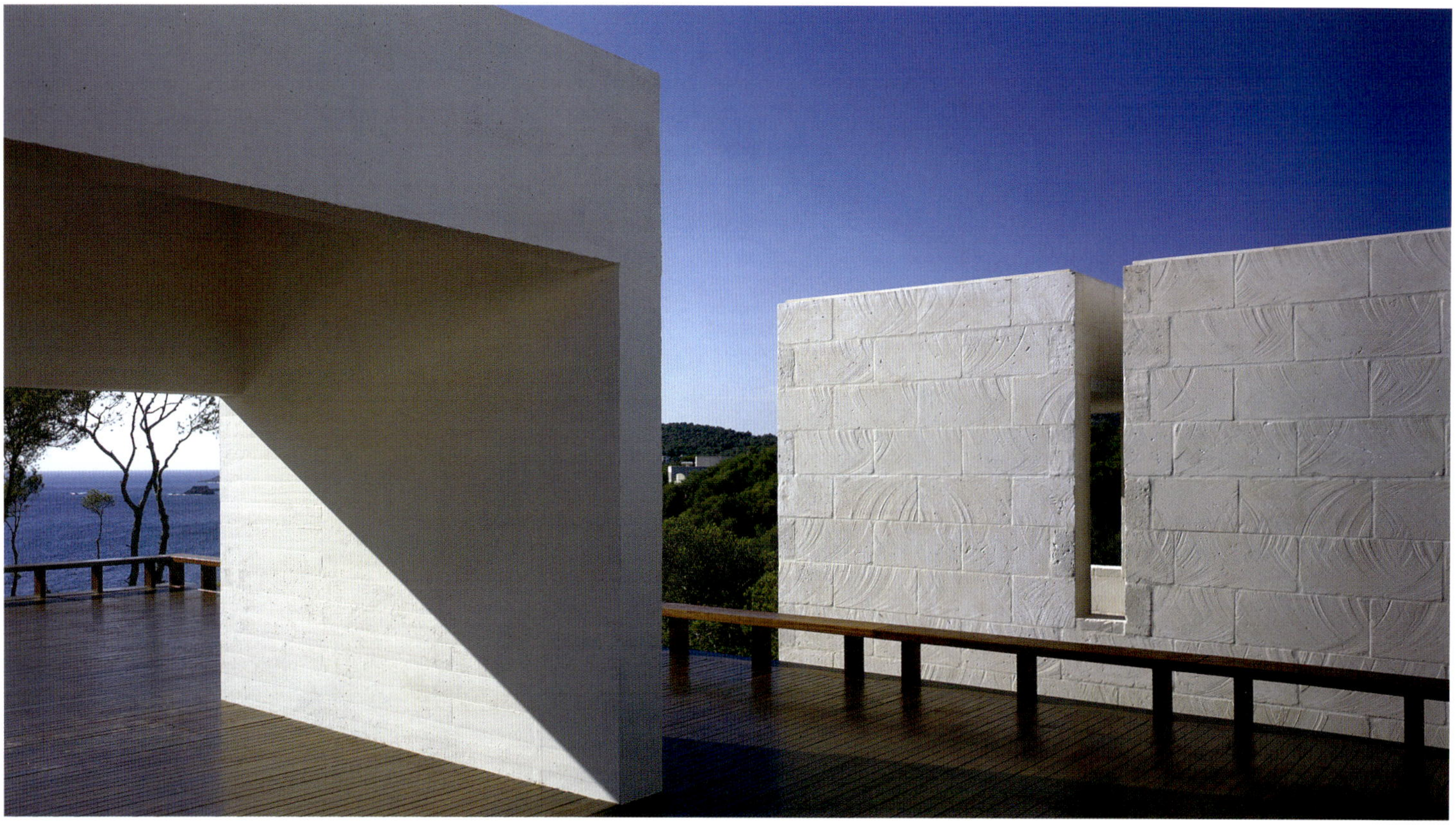

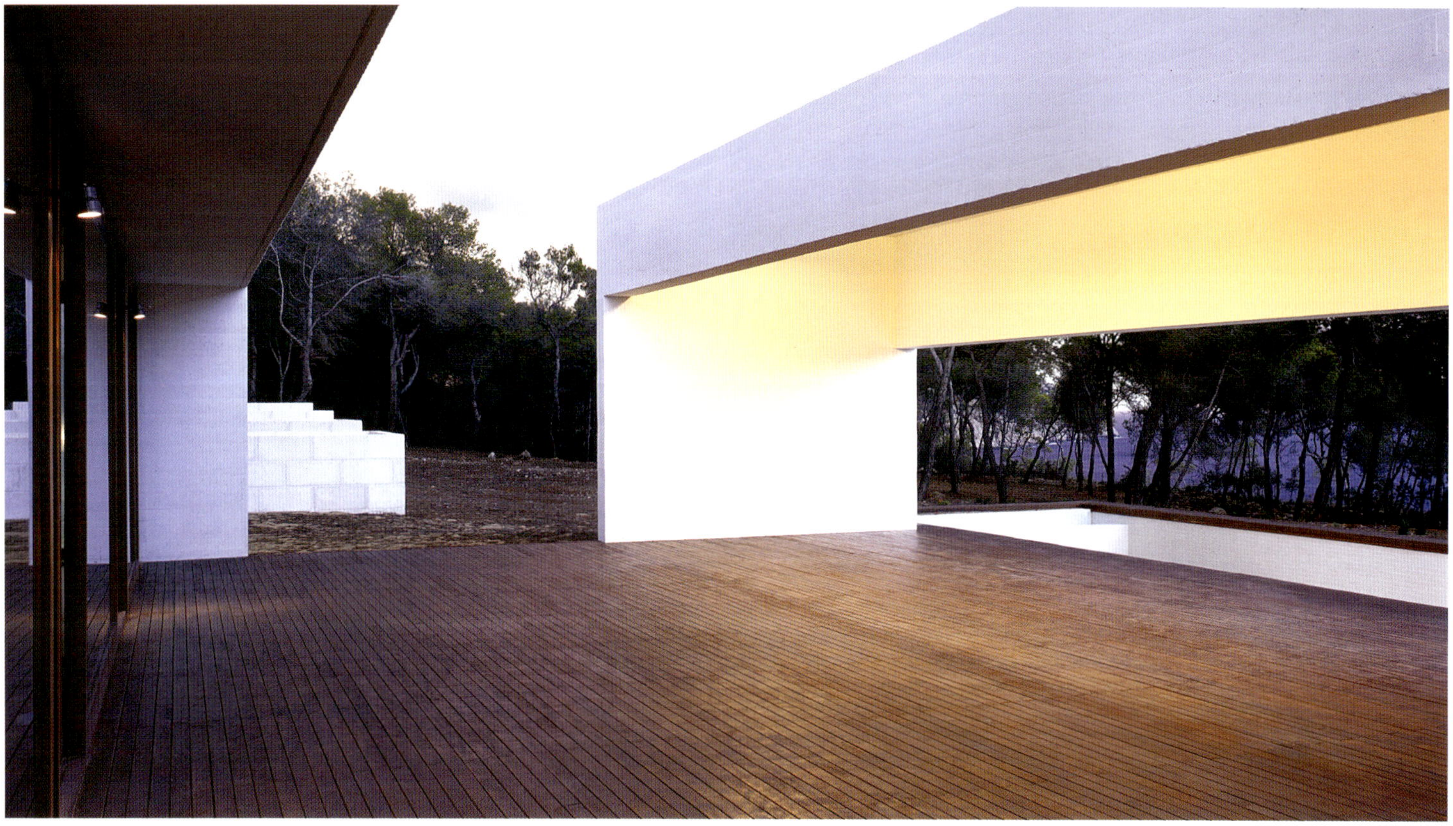

KHR AS Arkitekter
Casa de invitados en Nissum Bredning

Jutland, Dinamarca

A finales de los años treinta, el pintor Jens Søndergaard se trasladó a una casa en Toftum y, en una carta a su amigo Leo Svane describió "unos paisajes tan maravillosamente expansivos lejos de toda comparación con Thy". La fascinación del artista por la luz especial del lugar, por las potentes colinas de Toftum Bjerge y por la amplitud de los cielos abiertos de la región de Limfjord inspiraron un gran número de cuadros muy particulares, muchos pintados en la misma zona en la que se construyó esta casa de invitados.

La casa se ha asentado en una acusada pendiente, con una vista panorámica de 200 grados de este a oeste por encima de una duna no construida y una extensa pradera que desciende hasta la costa de Nissum Bredning.

Uno de los objetivos del estudio de arquitectos fue capturar la luz del cielo en la secuencia espacial continua del edificio, el cual, visto desde cualquier punto, respeta el perfil de la colinas en el que se ubica. La casa de invitados consiste en dos partes, una losa de hormigón revestida de basalto, y una cáscara de cobre.

La losa funciona como un suelo, un plano continuo que discurre a través de la planta única desde la terraza "de mañana", situada al este, hasta la terraza "de tarde" en el oeste. La envolvente es a la vez fachada y techo, y se encuentra cerrada respecto a la pendiente al sur y abierta hacia el norte; por otro lado, los muros se orientan hacia el este y el oeste.

La cubierta se encuentra perforada por una claraboya continua, que separa espacialmente las funciones secundarias -en un cuerpo cerrado al sur- de las funciones primarias que definen una secuencia espacial más abierta en las otras tres direcciones.

La estructura portante es de pórticos metálicos, y la cubierta y los muros exteriores se desarrollan con armazones prefabricados de madera dimensionados siguiendo la retícula principal del edificio. El revestimiento exterior de cobre es excepcional en Dinamarca, y consiste en una capa de fieltro recubierta por una delgada lámina de cobre, flexible, con una superficie levemente ondulada debida a la compresión del cobre y del fieltro.

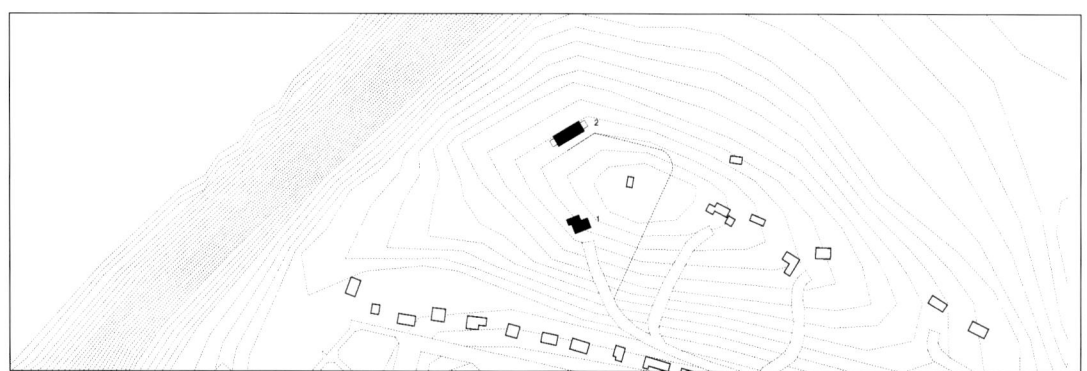

Fotógrafo: Ib Sorensen

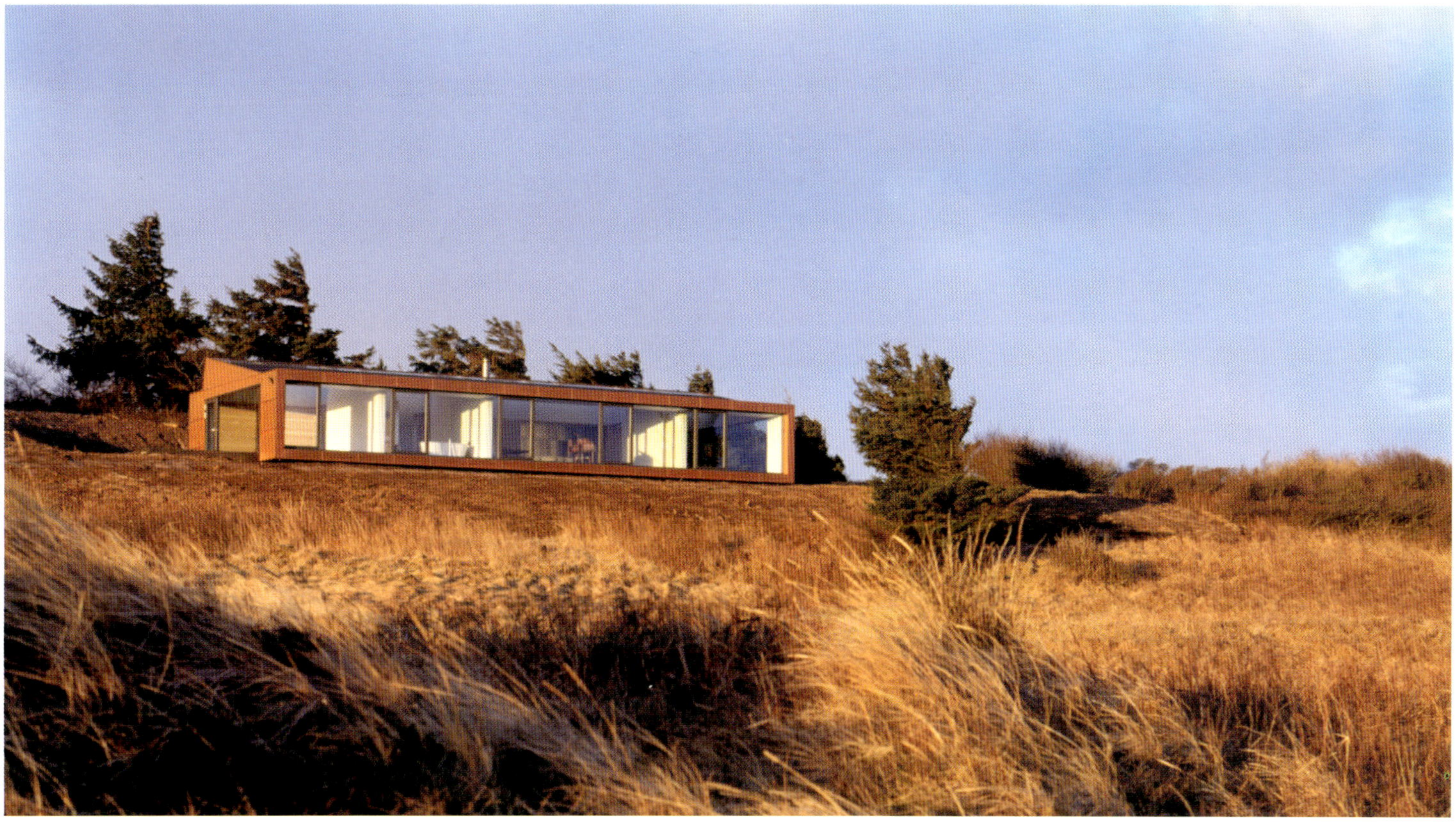

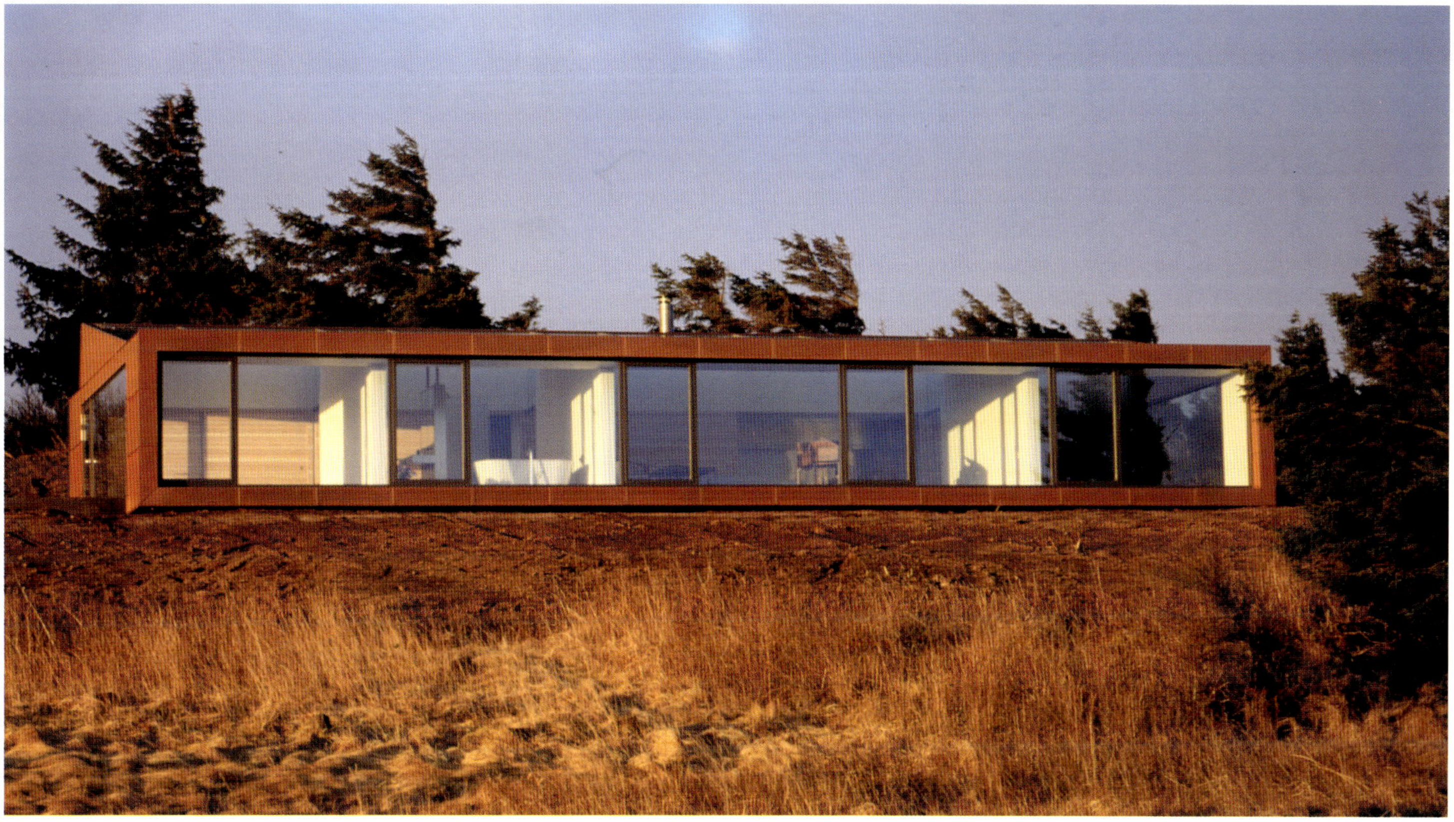

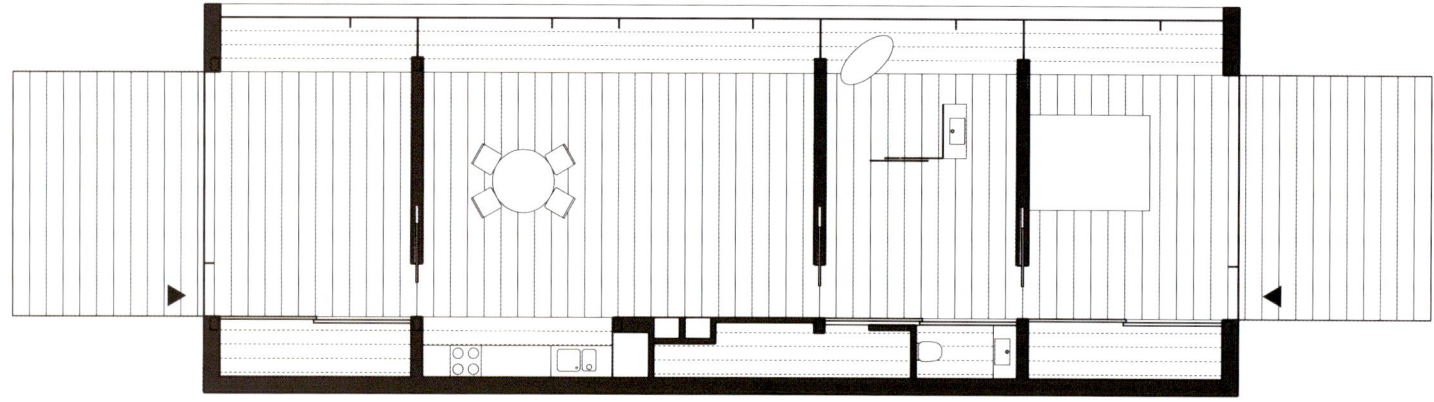

134

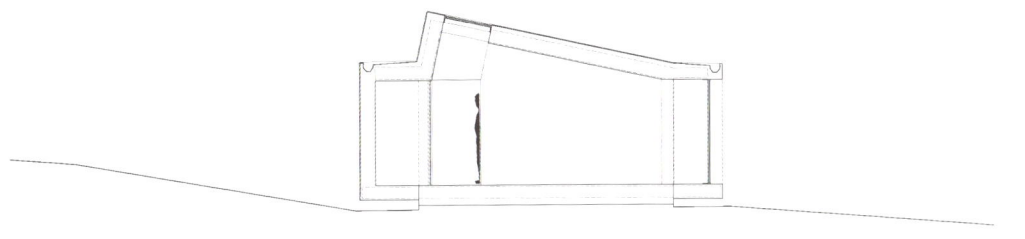

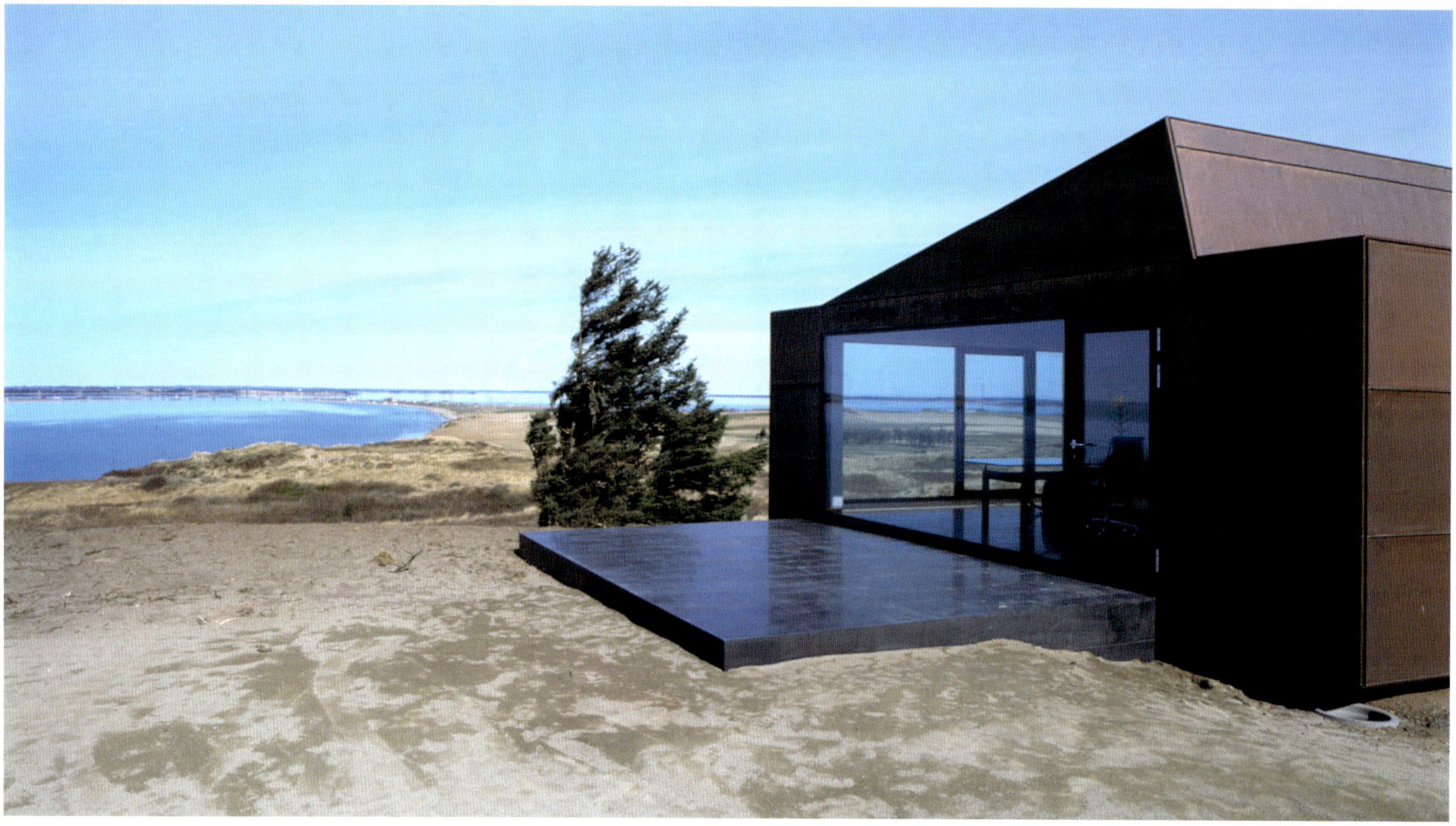

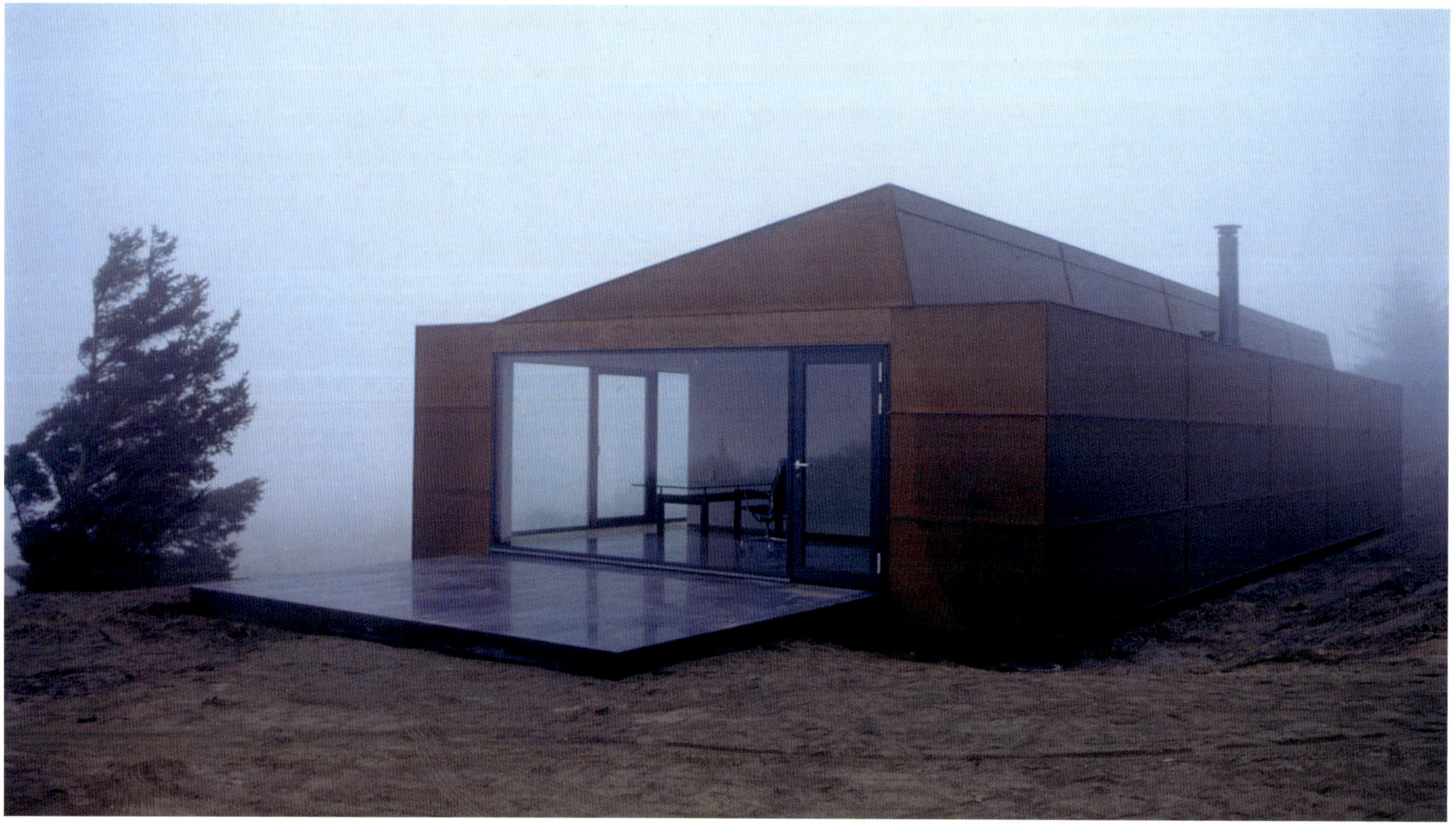

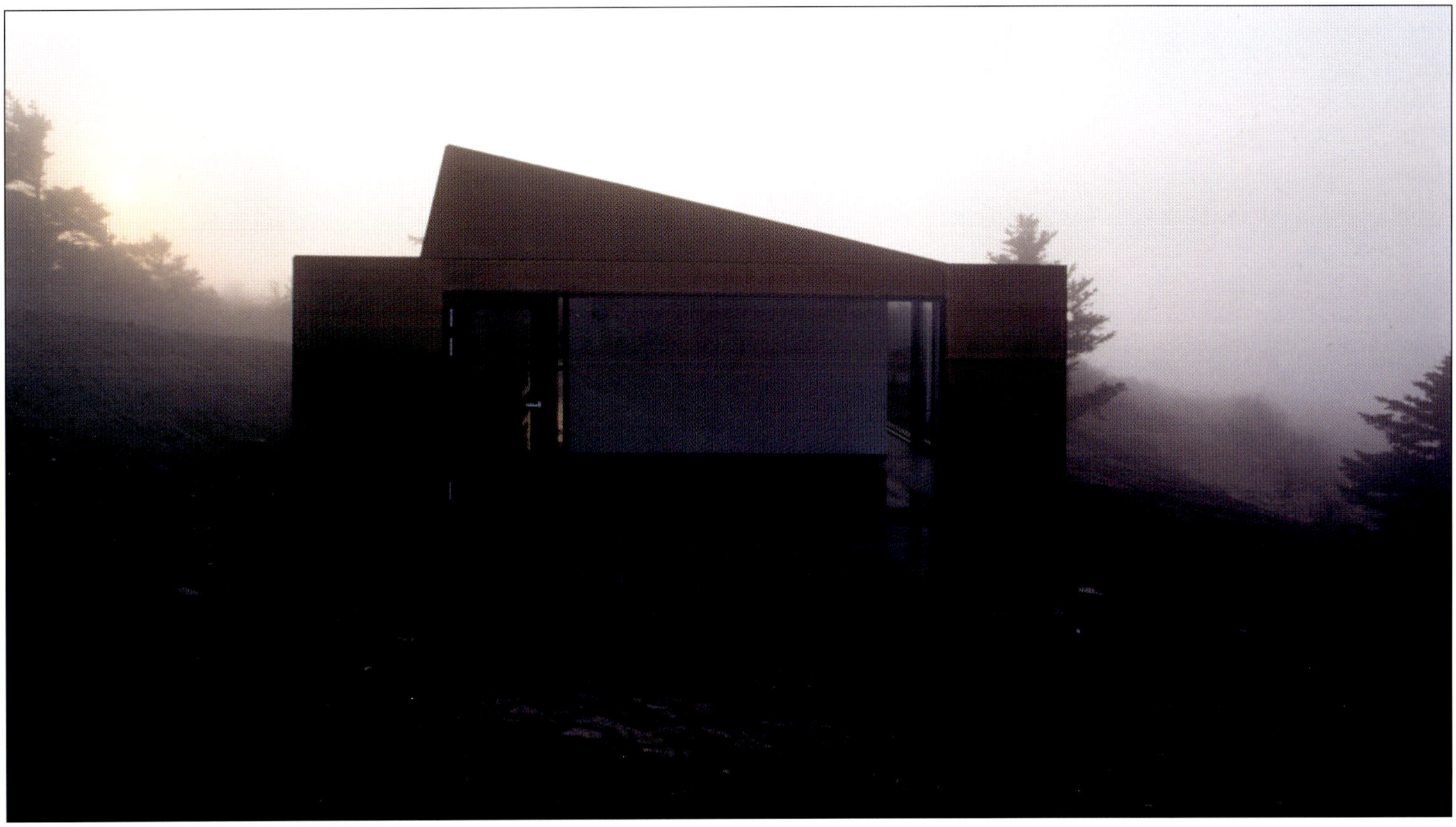

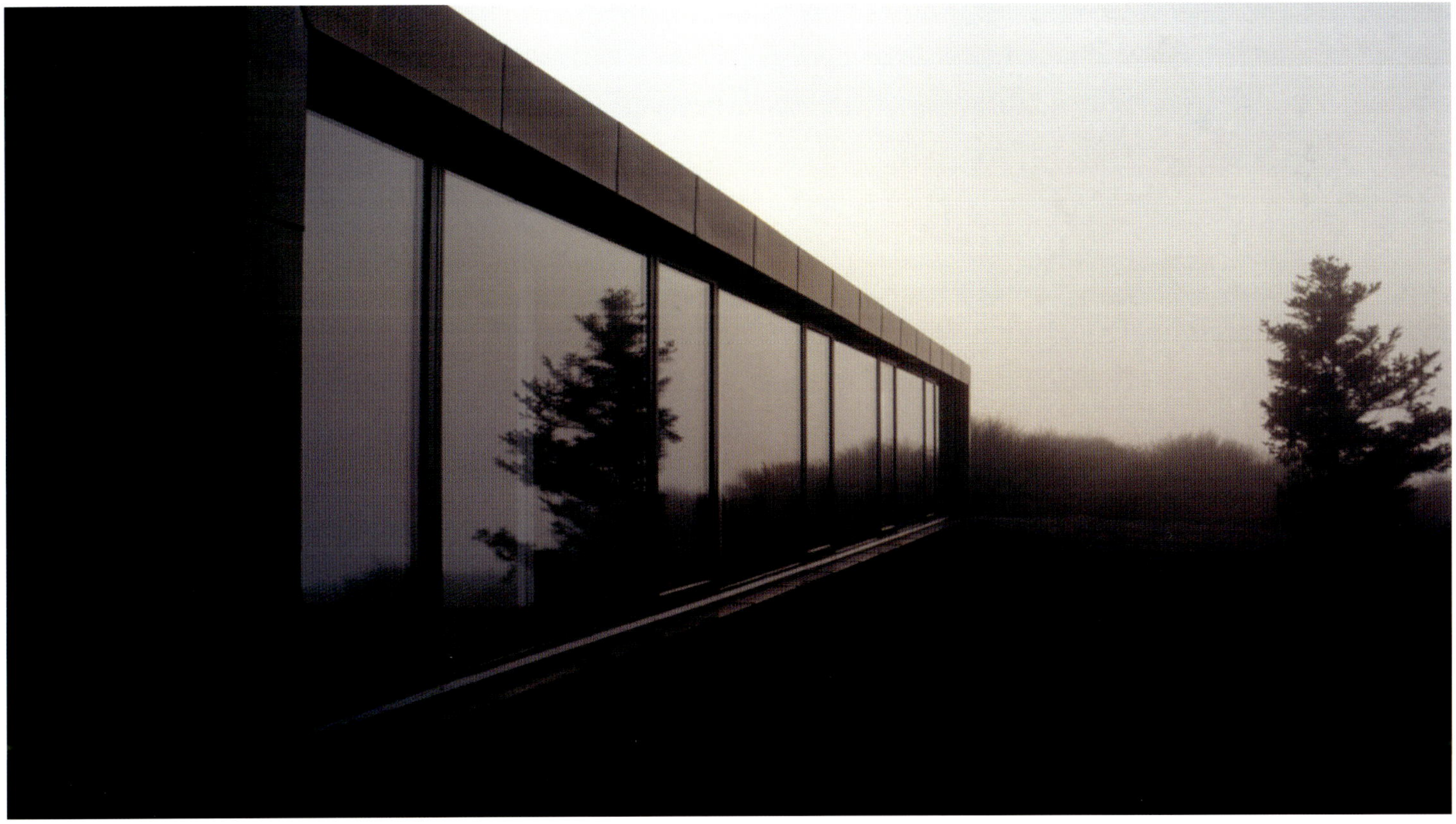

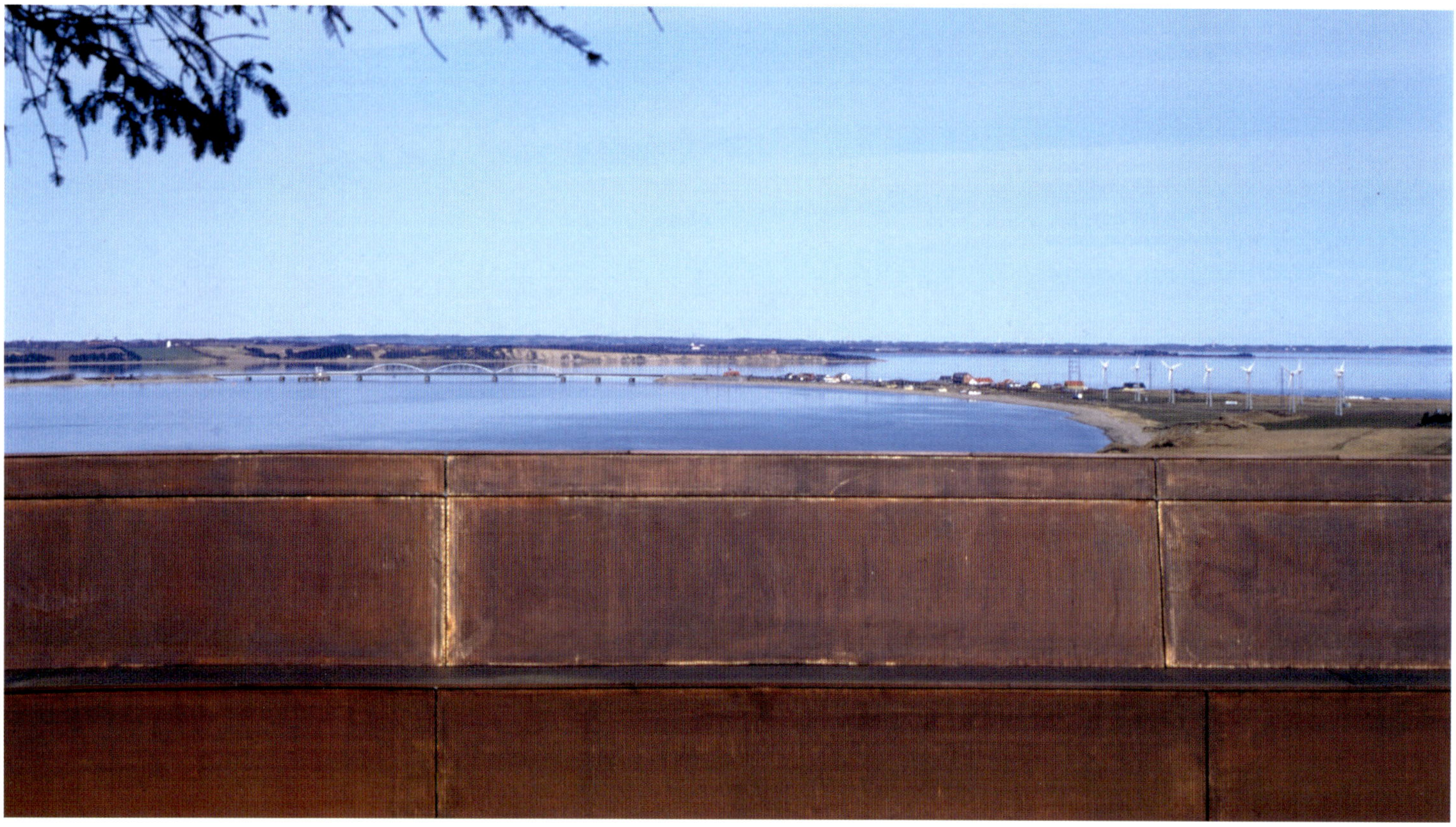

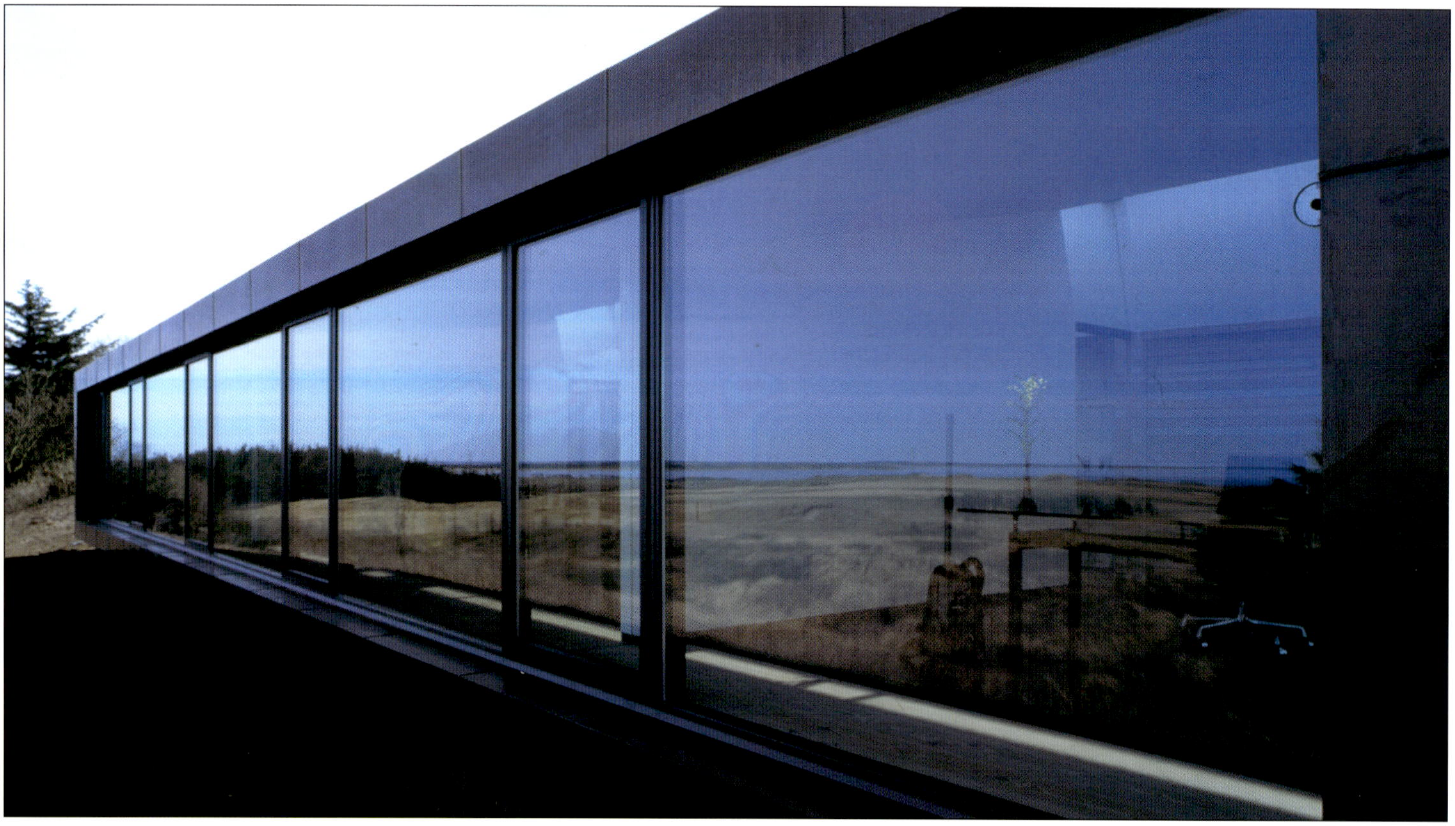

Biselli + Katchborian
Casa en la playa de Guaecá

São Sebastião, Brazil

El emplazamiento se sitúa en Guaecá Beach, São Sebastião, en la costa norte del estado de São Paulo. Está rodeado por las montañas de Serra do Mar y por la espectacular frondosidad del bosque de Mata Atlântica.

Siguiendo las leyes de conservación locales, se preservó el sesenta por ciento de los árboles existentes.

El encargo requería una casa con cinco dormitorios, comedor, salas de estar y de televisión, una cocina-barbacoa y servicios, todo ello distribuido en dos plantas. Además, se ha dispuesto una planta semi-subterránea para el garaje y una sauna-baño.

La planta superior aloja cuatro dormitorios y la sala de televisión, mientras que las zonas destinadas al entretenimiento y las vistas, además de un dormitorio adicional para invitados, se encuentran en la planta baja.

Los perímetros sur y este de la casa están rodeados por terrazas y verandas que se asoman directamente al borde de la piscina, diseñada en L para que abarcara esta esquina de la casa. Las verandas en madera son completamente abiertas y no presentan pasamanos, ofreciendo un camino sin impedimentos para lanzarse directamente al agua.

Las técnicas constructivas emplearon básicamente hormigón y obra. Las terrazas tienen una estructura de acero y están coronadas por cubiertas en madera oscura. La azotea presenta una estructura tradicional de madera con ripias metálicas.

Fotógrafo: Nelson Kon

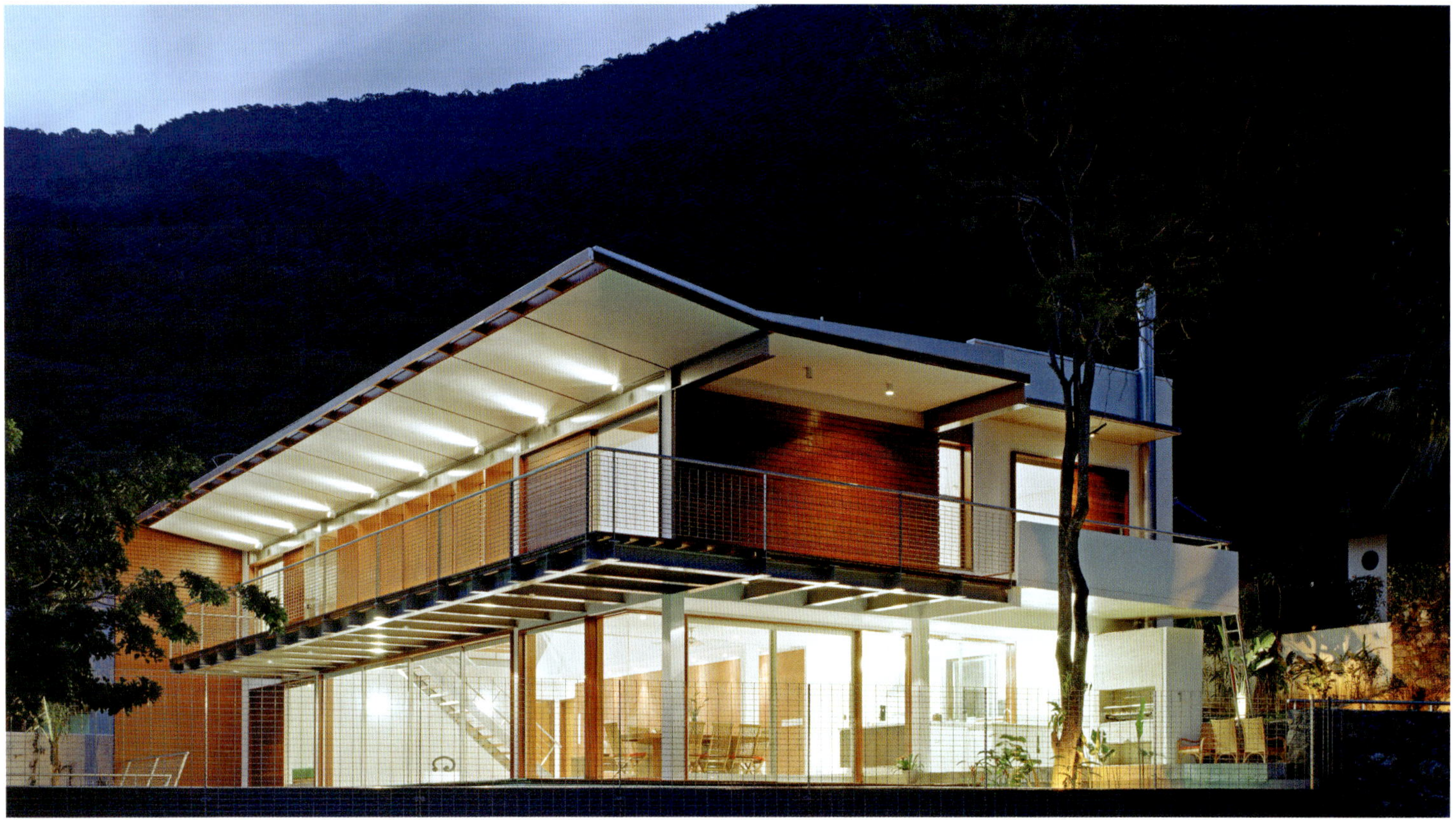

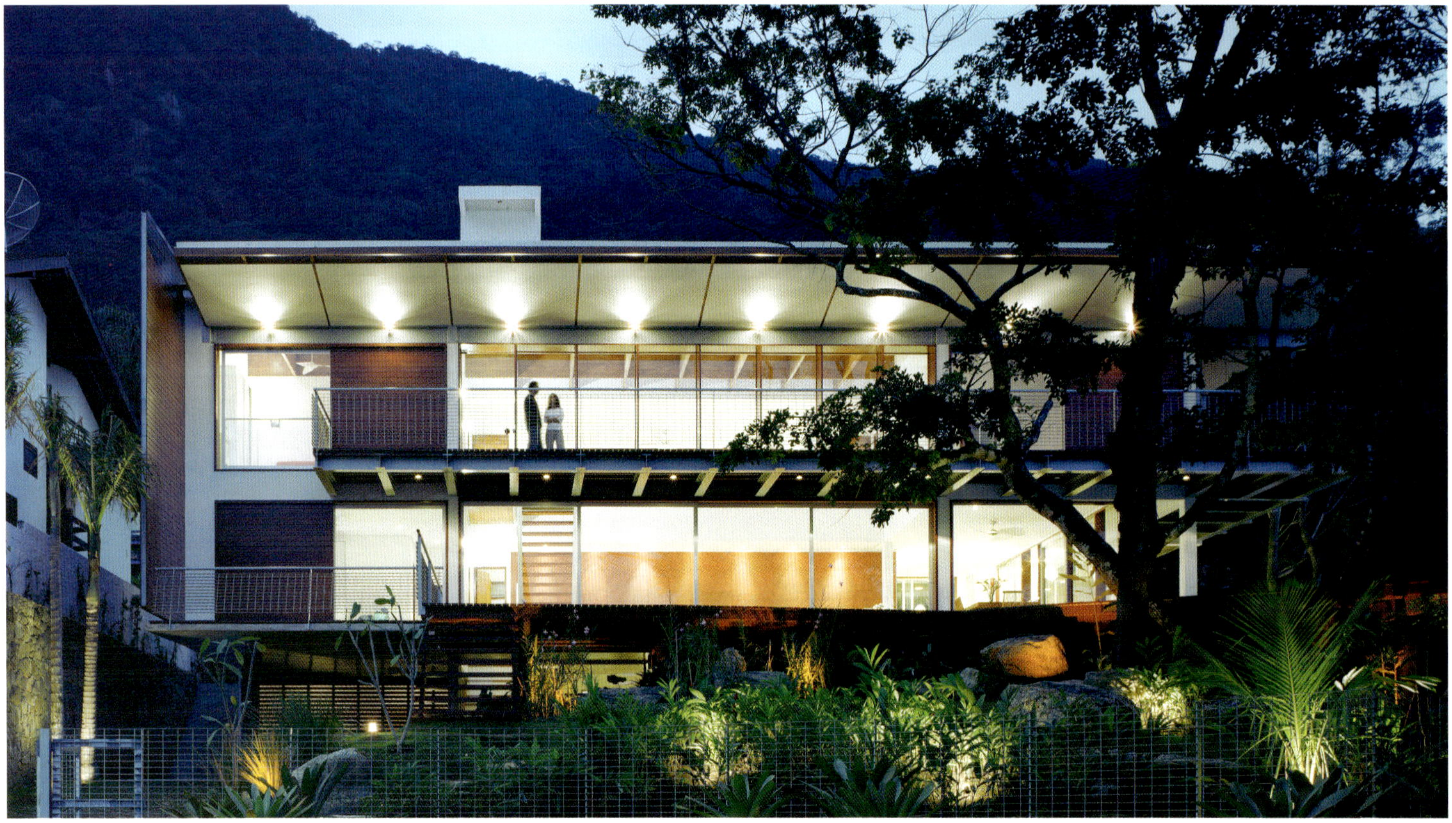

Planta baja

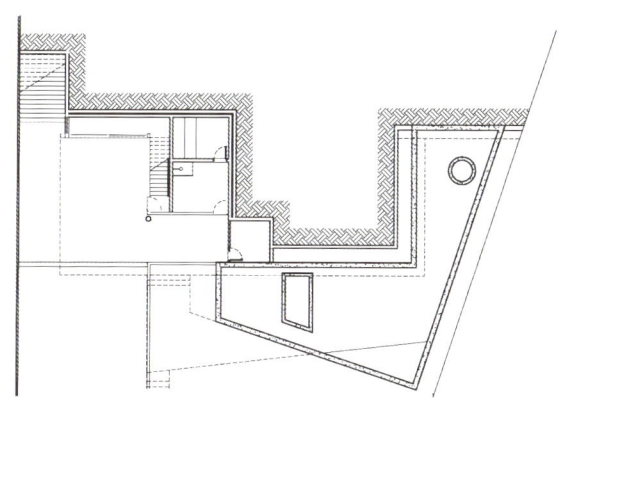

Planta primera

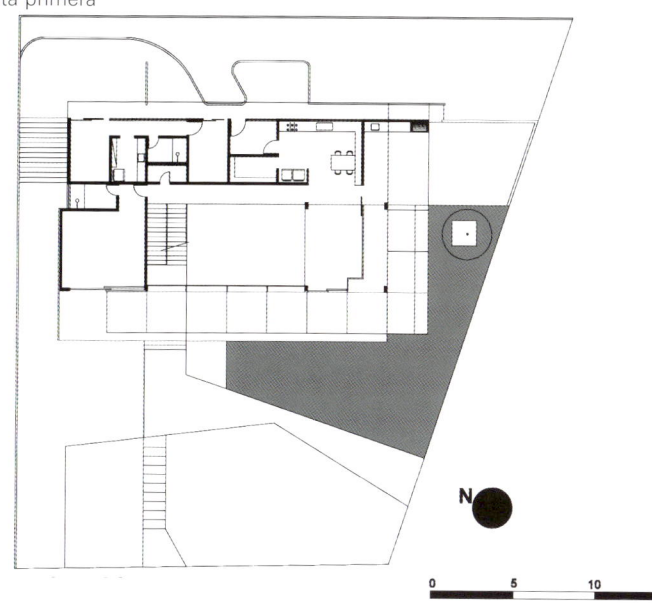

Planta segunda

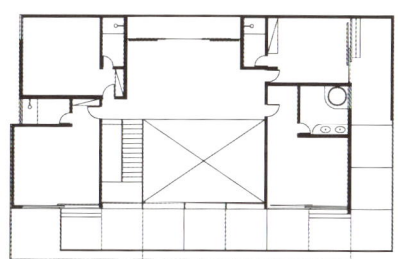

Alzado sureste

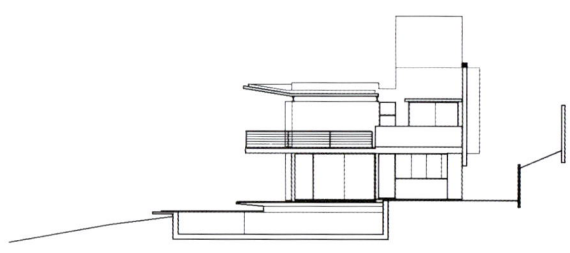

Alzado suroeste

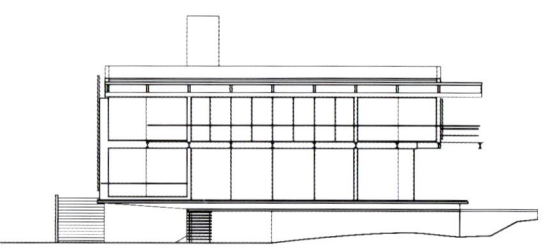

Alzado noroeste

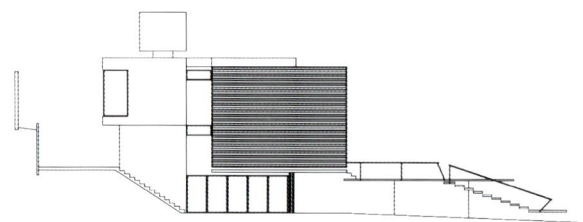

Sección longitudinal

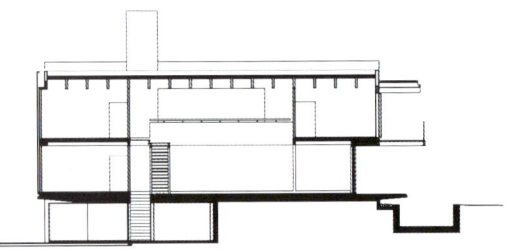

Sección transversal

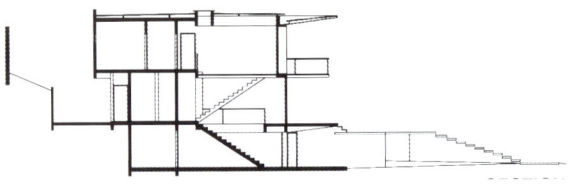

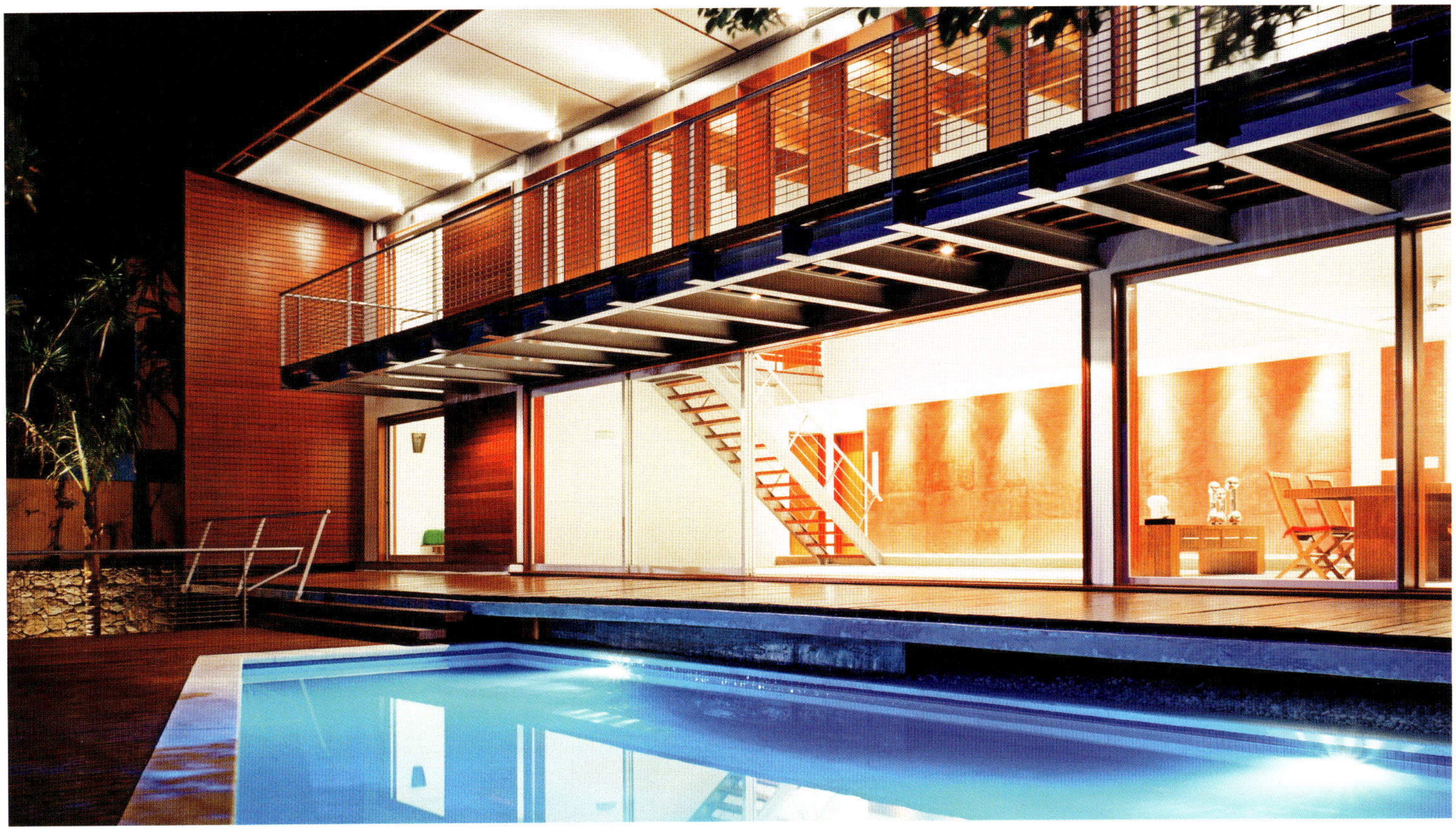

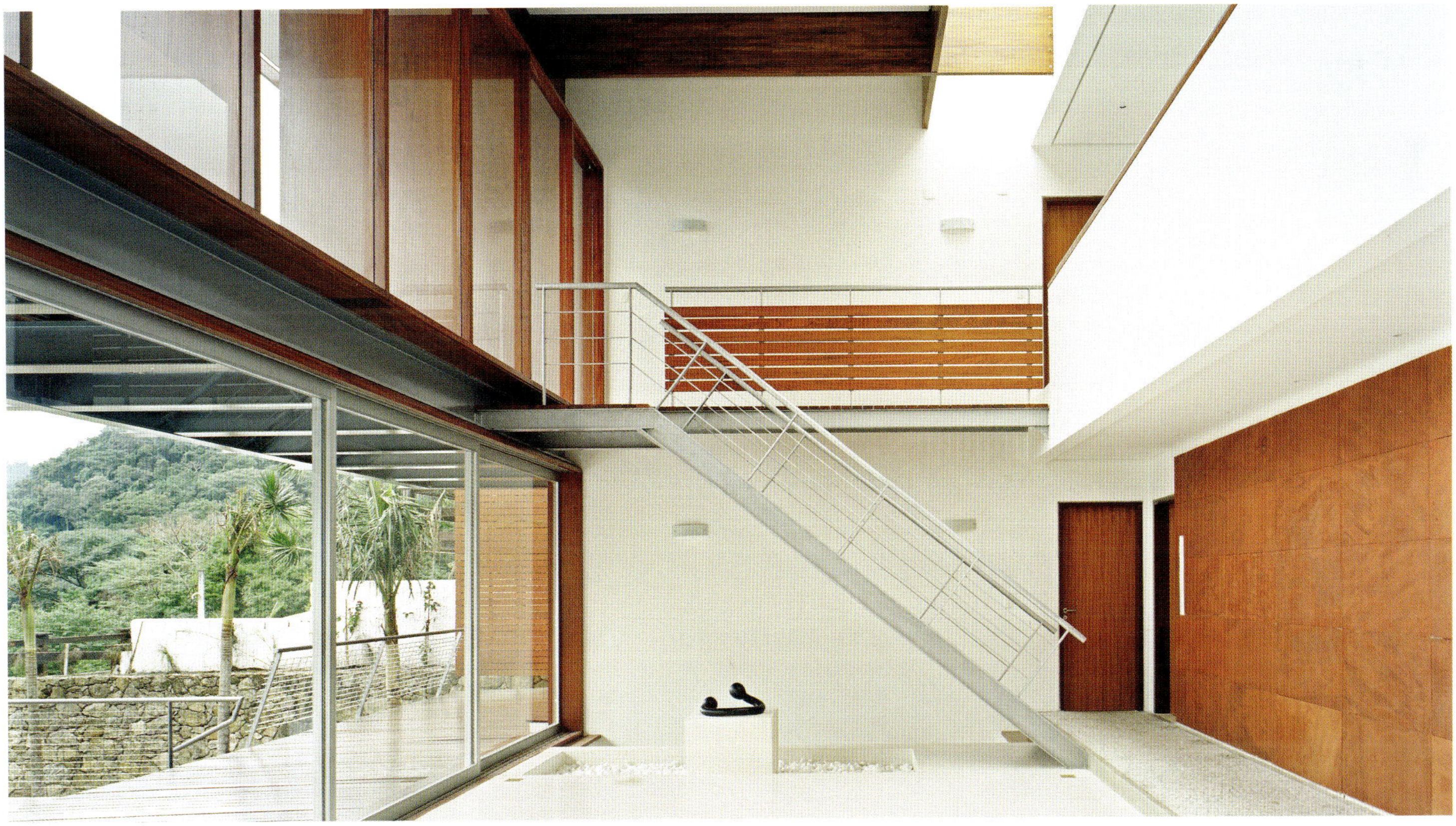

Christophe Bidaud Architecte
Casa Boutin

Puys, Francia

Los arquitectos deseaban articular el proyecto siguiendo dos ejes:
- el modo de vida actual y deseado de la familia
- el respeto al emplazamiento y la consideración de la topografía del terreno

Por lo que respecta a la vida familiar, organizaron la casa en dos niveles, creando así las articulaciones necesarias para la cohabitación de padres e hijos; esta disposición permite, además, una distribución de las actividades diurnas y nocturnas: esto se traduce en una clara diferenciación de las entidades "noche", aunque también en la creación de una gran entidad "sala de estar-salón-cocina" prolongada en una terraza exterior, el verdadero "forum" de la vida familiar y social.

A esta estricta distribución espacial se le añaden las aberturas, que permiten, además de una iluminación natural máxima de las habitaciones, el encuadramiento del mar a lo lejos.

Por lo que se refiere al respeto del emplazamiento, y con el objetivo de que el proyecto interactúe de la forma más armoniosa posible con el mismo, se propuso lo siguiente:

Suspendida sobre pilares de hormigón de 20 cm de diámetro, la casa se concibe como un muelle, un verdadero promontorio frente al terreno.

Esta construcción sobre pilotis permite prescindir de una planta baja anclada en el terreno que evocaría irremediablemente los bloques de edificios circundantes, a la vez que aligera considerablemente el impacto de la construcción en un emplazamiento relativamente salvaje.

Por otro lado, esta respuesta evoca las construcciones marítimas de Dieppe y su costa, y permitirá alojar los vehículos aparcados en la zona creada en el nivel inferior de la construcción.

La selección del material se encuadra dentro de la propia concepción volumétrica: la madera, con su aparente ligereza, permite expresar una levedad libre de las limitaciones estructurales que caracterizan las construcciones tradicionales de ladrillo.

Mediante las combinaciones de los aleros de cubierta, los bordes escalonados, la oposición de formas (cilindro, paralelepípedo, etc.) y los ritmos de las chillas de madera, se reforzó aún más el carácter dinámico de la construcción, lo que la hace más ligera a la vista.

Finalmente, con el deseo de respetar al máximo el entorno natural del emplazamiento, los trabajos de acondicionamiento del jardín serán muy discretos; se conservarán todos los árboles existentes excepto uno, y también los matorrales. Los espacios abiertos se tratarán a la inglesa, jugando con pequeños macizos vegetales de esencias regionales. El tratamiento mineral se reducirá a la mínima expresión, un camino de grava conectará la entrada con el aparcamiento situado debajo de la vivienda.

Fotógrafo: MC Bordaz

Planta baja

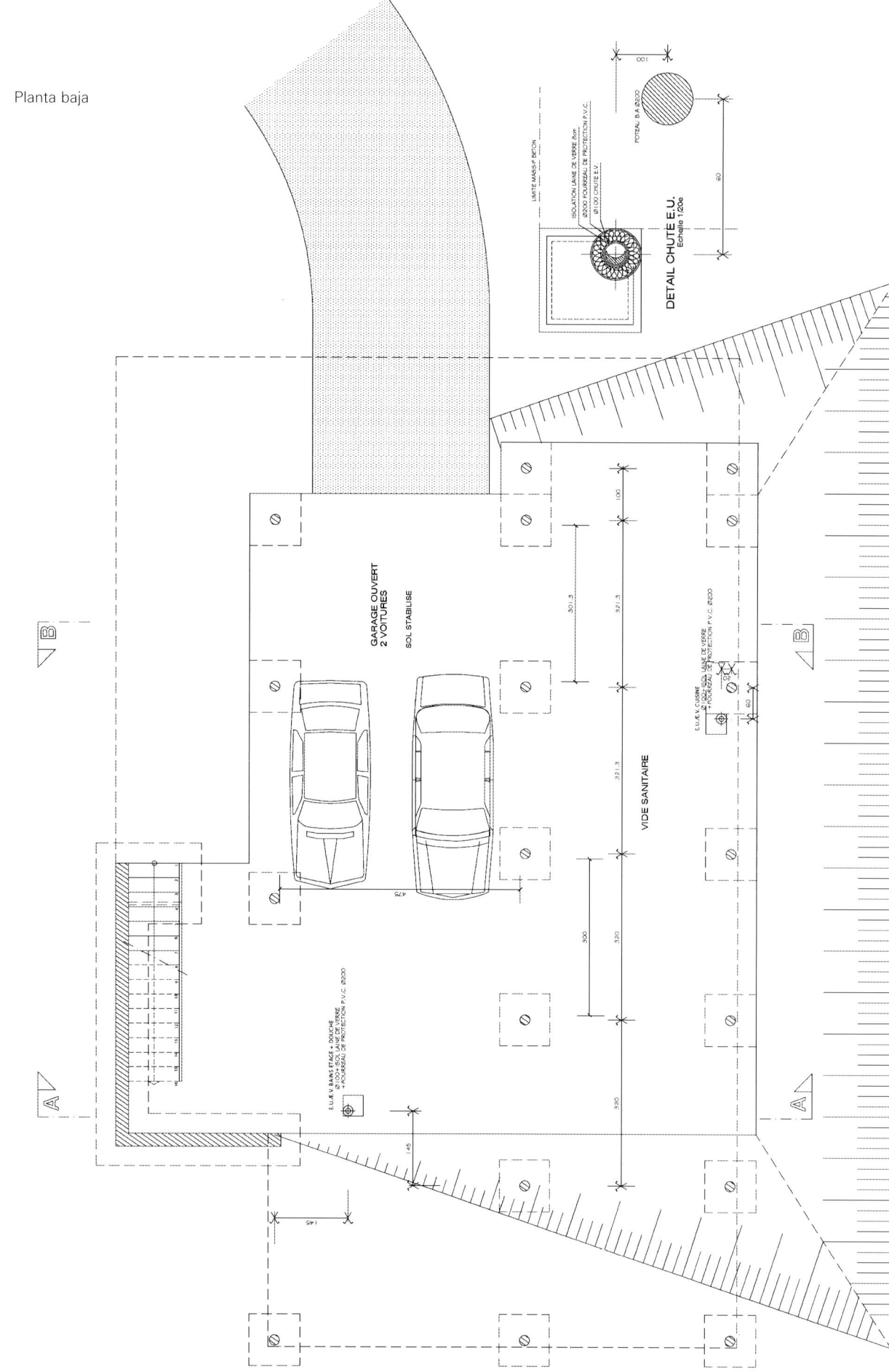

DETAIL CHUTE E.U.
Echelle 1/20e

GARAGE OUVERT
2 VOITURES
SOL STABILISE

VIDE SANITAIRE

Planta primera

159

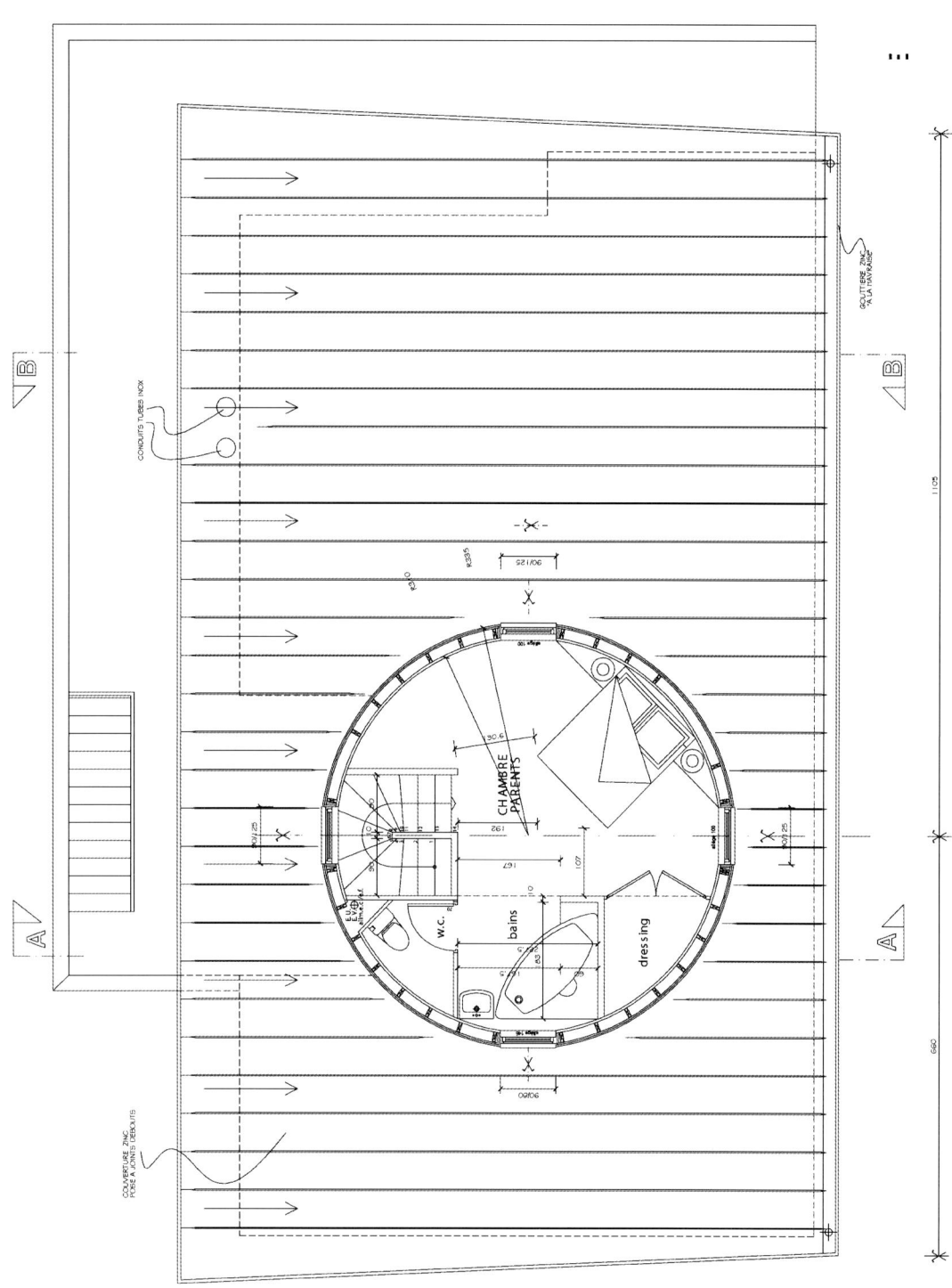

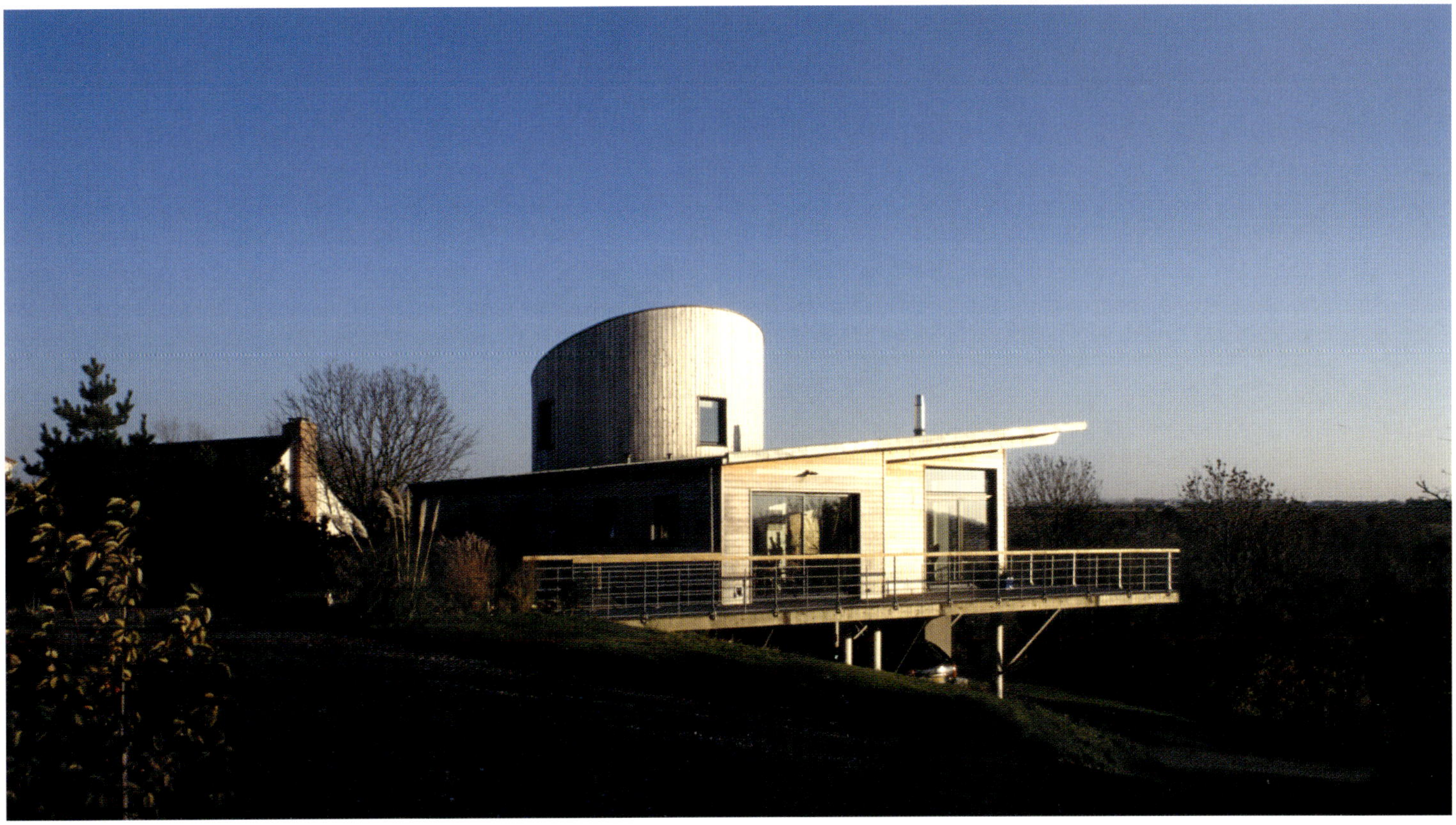

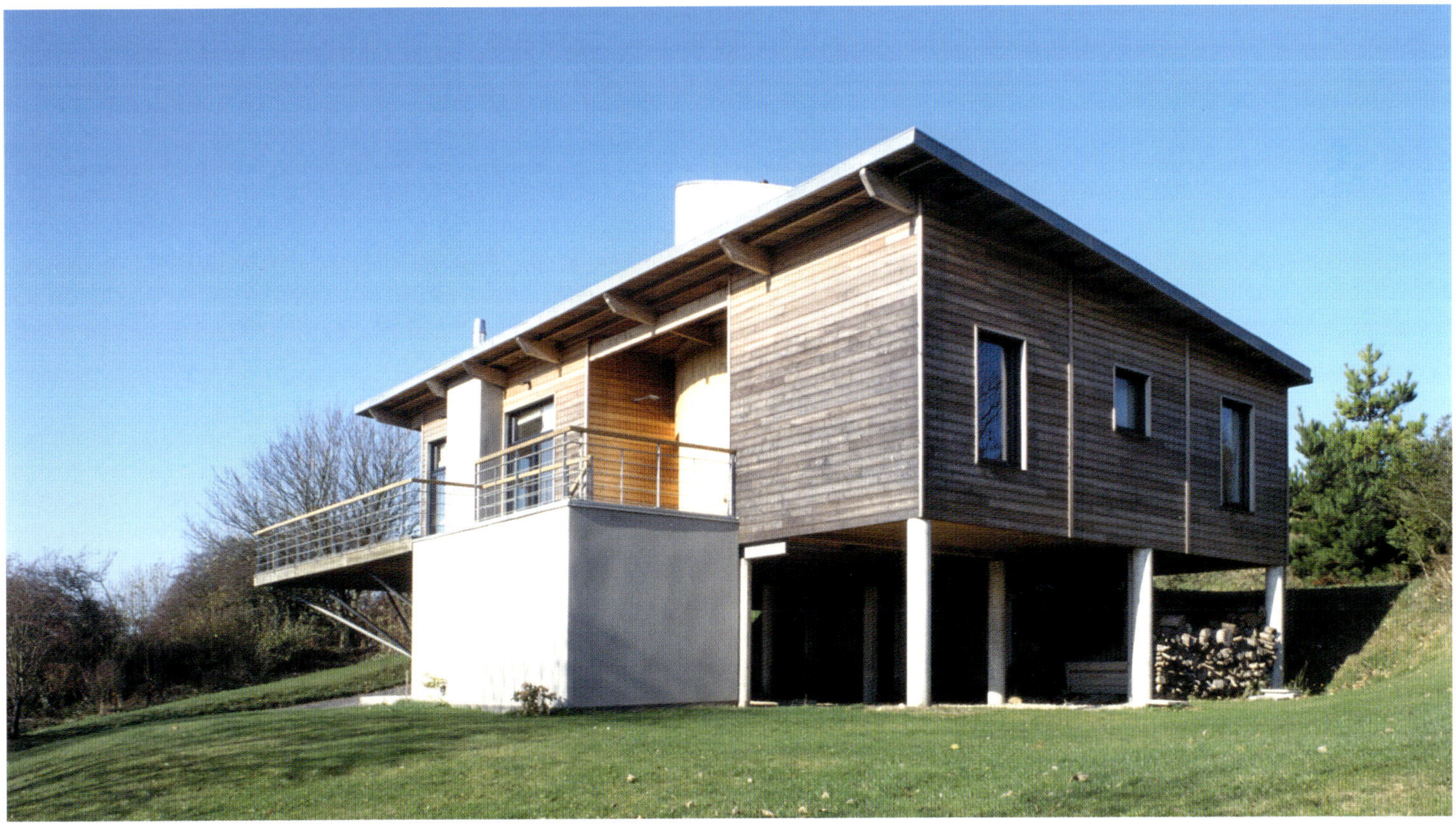

Sección B

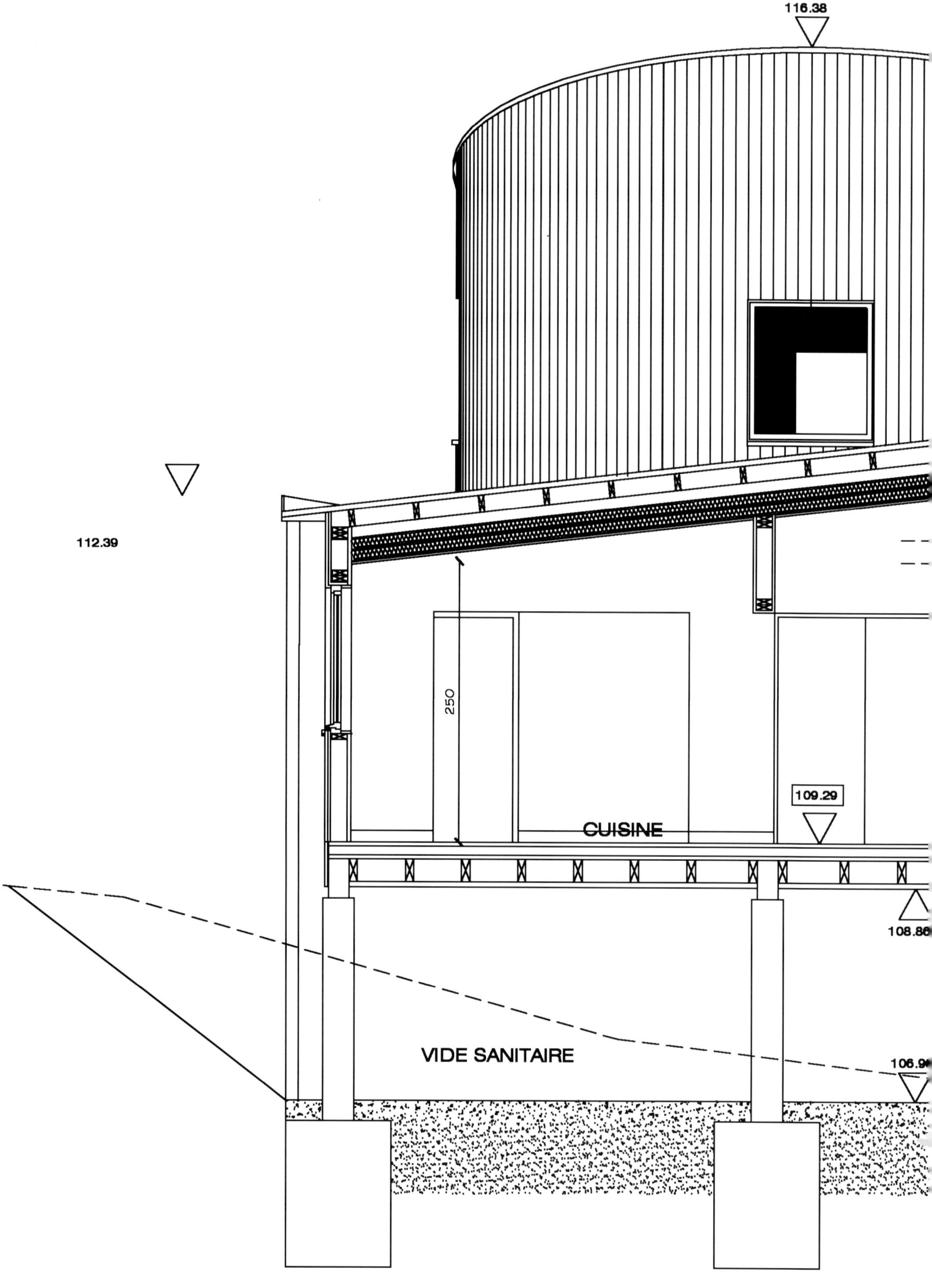
116.38
112.39
250
109.29
CUISINE
108.86
VIDE SANITAIRE
106.9

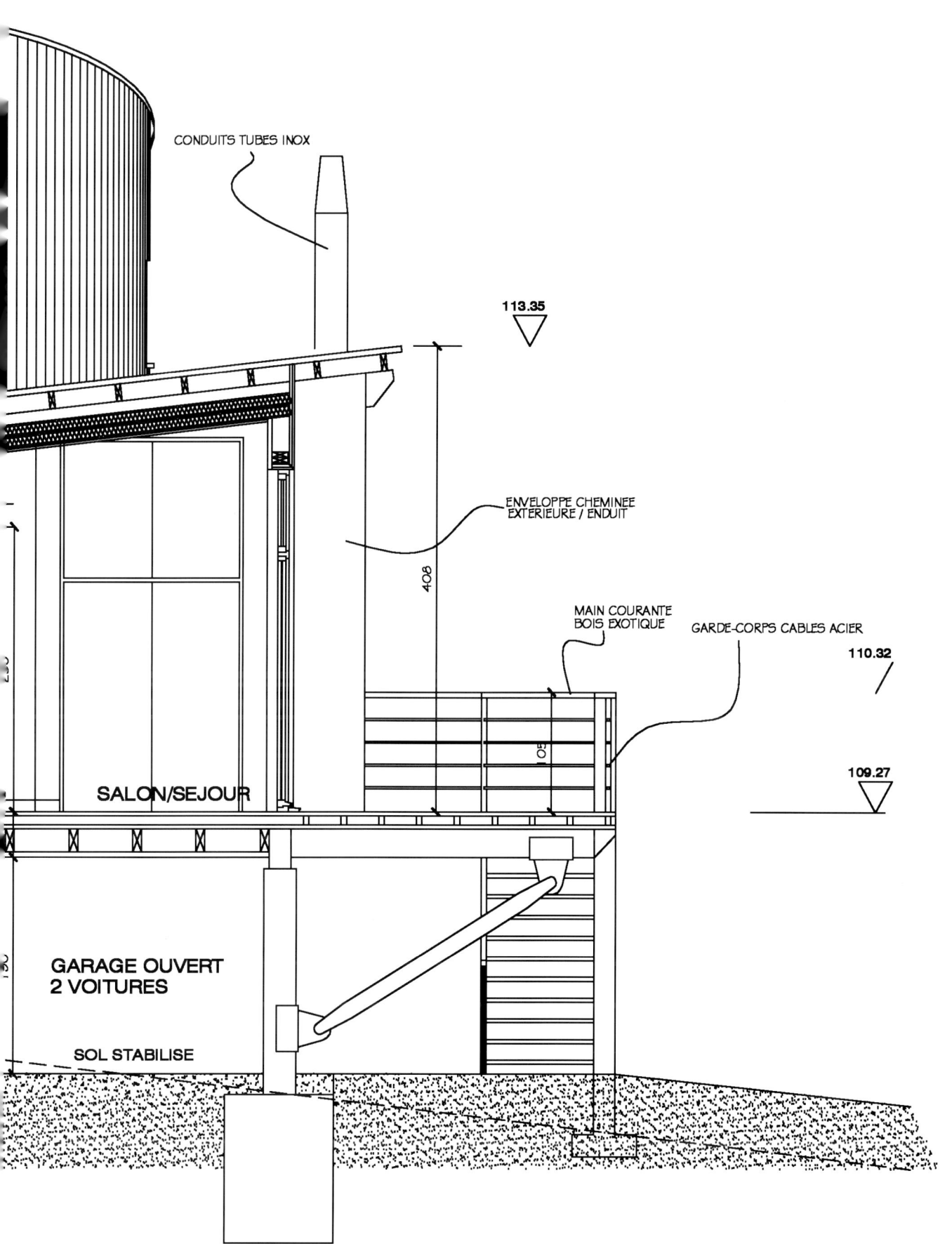

CONDUITS TUBES INOX

113.35

ENVELOPPE CHEMINEE
EXTERIEURE / ENDUIT

408

MAIN COURANTE
BOIS EXOTIQUE

GARDE-CORPS CABLES ACIER

110.32

109.27

SALON/SEJOUR

GARAGE OUVERT
2 VOITURES

SOL STABILISE

163

Christoff Finio
Casa en la playa

Long Beach Island, New Jersey, EEUU

La isla Long Beach, una barrera de arrecife frente a la costa sur de Nueva Jersey, ha desarrollado una comunidad tanto de residencia permanente como estacional. El proyecto está situado en el lado de la isla que se abre al océano, dentro de los límites de una duna que posee un denso bosque que se prolonga varios centenares de metros hacia el Océano Atlántico. Aunque existen propiedades en las inmediaciones del proyecto, al norte y al oeste, permanecen prácticamente invisibles gracias al cuidado emplazamiento de la casa, al diseño de sus contornos y la disposición de sus interiores. La propiedad consta de tres solares combinados, con un total de aproximadamente 150 hectáreas de superficie. Sin embargo, más de la mitad de la propiedad está considerada ciénaga protegida por el Departamento de Protección Medioambiental y no podía construirse en ella. La casa envuelve la mayoría de los límites de las ciénagas, cumpliendo con todos los requerimientos de distancia con las propiedades vecinas. Todos los espacios susceptibles de ser ocupados debían encontrarse a un mínimo de 3,3 metros por encima del nivel del mar, y la altura de la casa no debía exceder los 10,6 metros medidos a partir de la carretera adyacente.

Los clientes son una pareja de Filadelfia con dos niños que ha pasado sus vacaciones en la isla durante los últimos diez años. Les atrajo esta propiedad en concreto por su carácter boscoso y recluido, un espacio que aparece como secreto desde el exterior. La profusión de árboles proviene de las plantaciones realizadas por el propietario anterior durante unos veinte años, y nuestros clientes deseaban sentirse sumidos en la arboleda cuando se encontraran en la sala de estar principal. Esto condujo a desplazar las funciones principales de la casa por encima del suelo, accediendo desde debajo, de modo que los espacios comunes se encontraran sumidos en la marquesina de árboles y las funciones más privadas se elevaran por encima de las copas con vistas al océano. Una habitación de invitados, un estudio-gimnasio y un trastero constituyen los tres puntos de soporte que elevan la casa, que a su vez forma el espacio exterior cubierto.

El programa incluye una cocina, una sala de estar-comedor, una habitación exterior, un estudio-gimnasio, cinco dormitorios, cinco baños, tres duchas exteriores y un espacio con una piscina de entrenamiento y un jacuzzi. El espacio interior (con calefacción) total ocupa unos 380 metros cuadrados, y la superficie total de cubierta exterior es de 455 metros cuadrados.

La cimentación consiste en pilares de madera y encepados de hormigón. La estructura es un híbrido de acero y madera contrachapada. Los muros son de estructura en madera y contrachapado. Las hojas de revestimiento exterior son de traslapo de intemperie en cedro rojo del Pacífico. Las paredes interiores están constituidas por tableros para paredes acabadas en yeso. La cubierta es de resina reforzada con fibra de vidrio sobre contrachapado, con albardilla de cobre recubierta de plomo. Las ventanas y la cubierta exterior son de caoba.

Fotógrafo: Elizabeth Felicella

La casa está separada del océano, a unos 180 metros de distancia, por una barrera de dunas altas y frondosas. En respuesta a la limitada superficie edificable del emplazamiento, la casa se concibe como una densa agrupación de volúmenes dispuestos de tal modo que permitan la existencia de espacios exteriores cerrados, abiertos o íntimos, y unos espacios interiores tipo loft que disfrutan de vistas que alcanzan la costa por encima de las copas de los árboles.

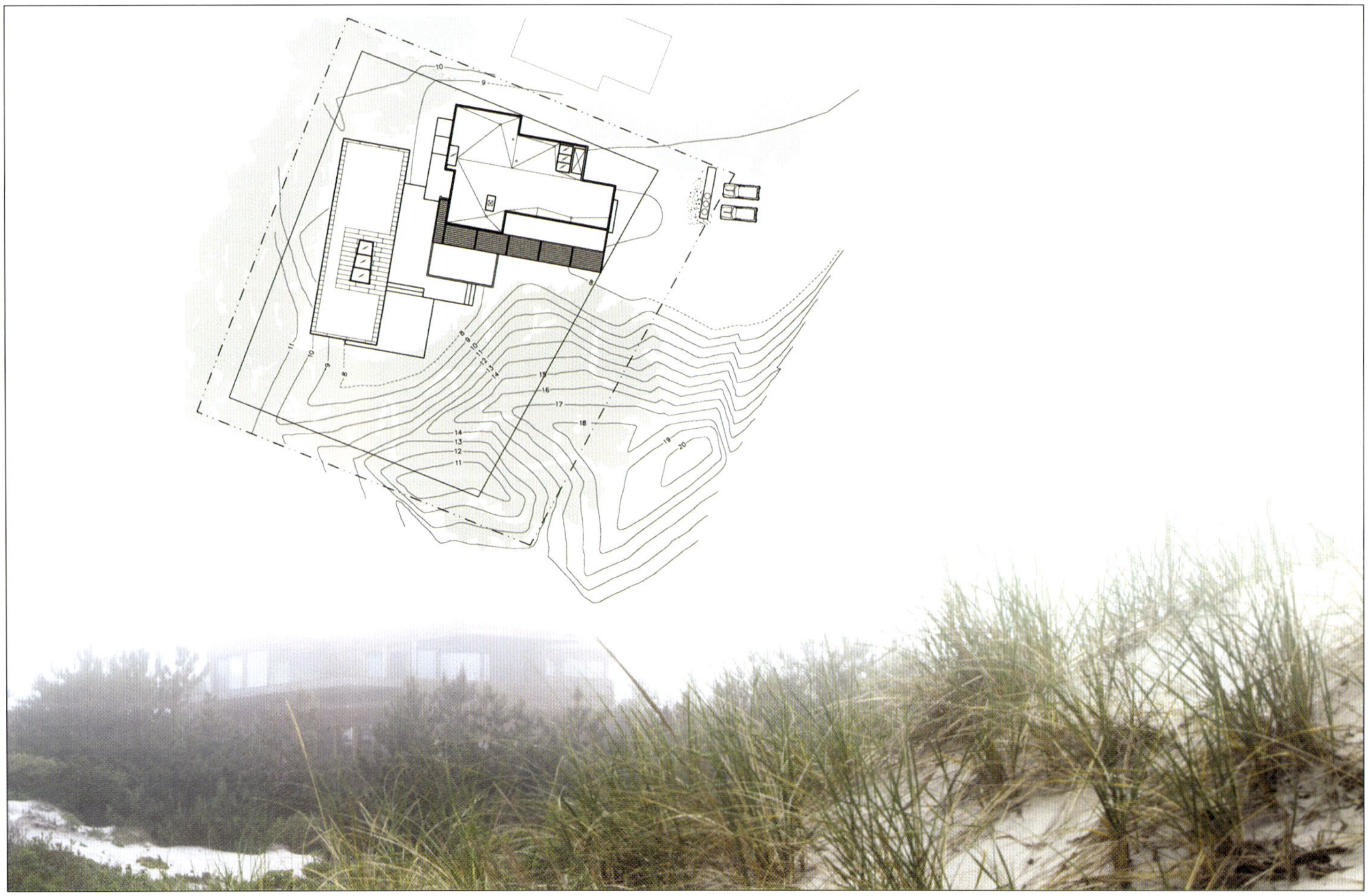

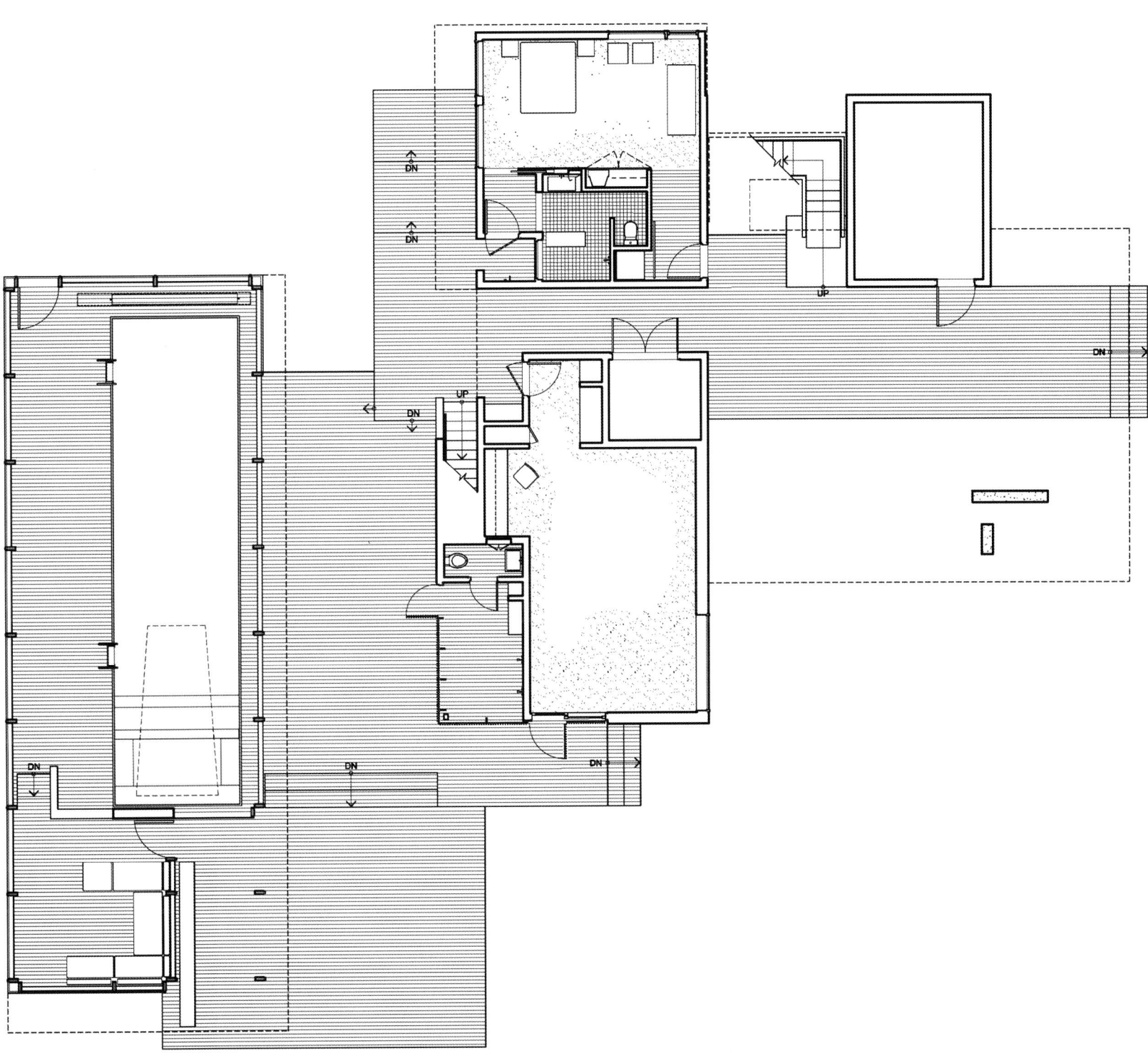

Planta primera

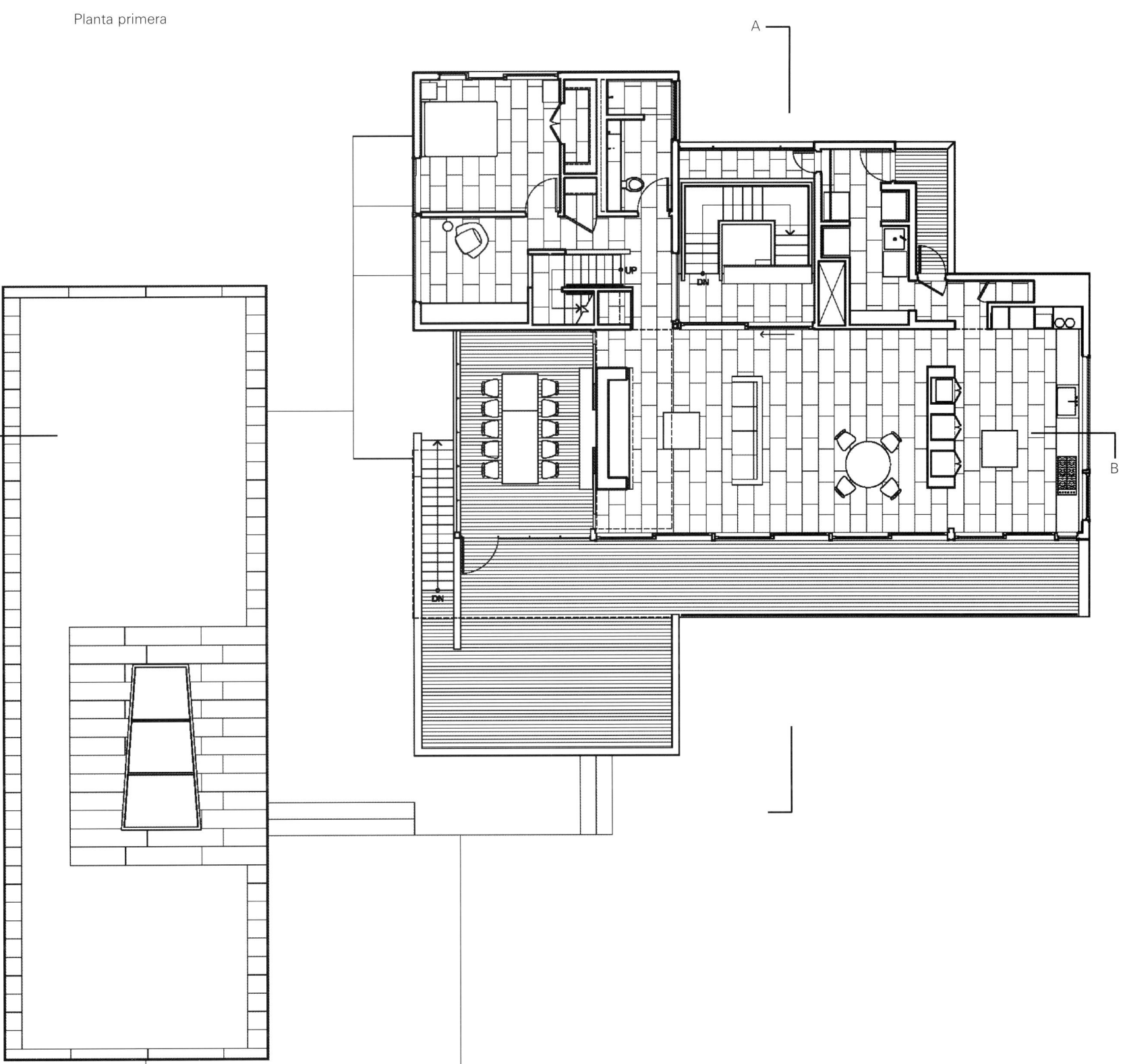

A

B

DN

UP

DN

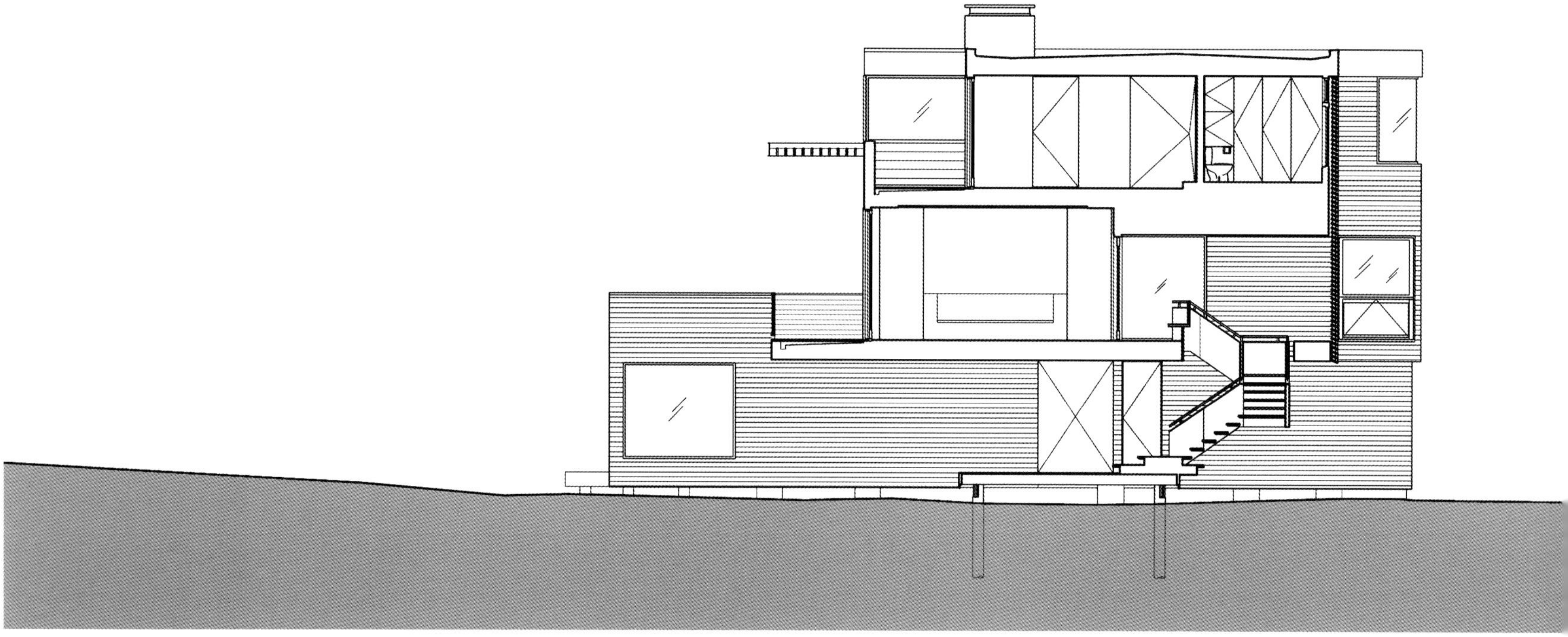

Sección A

Sección B

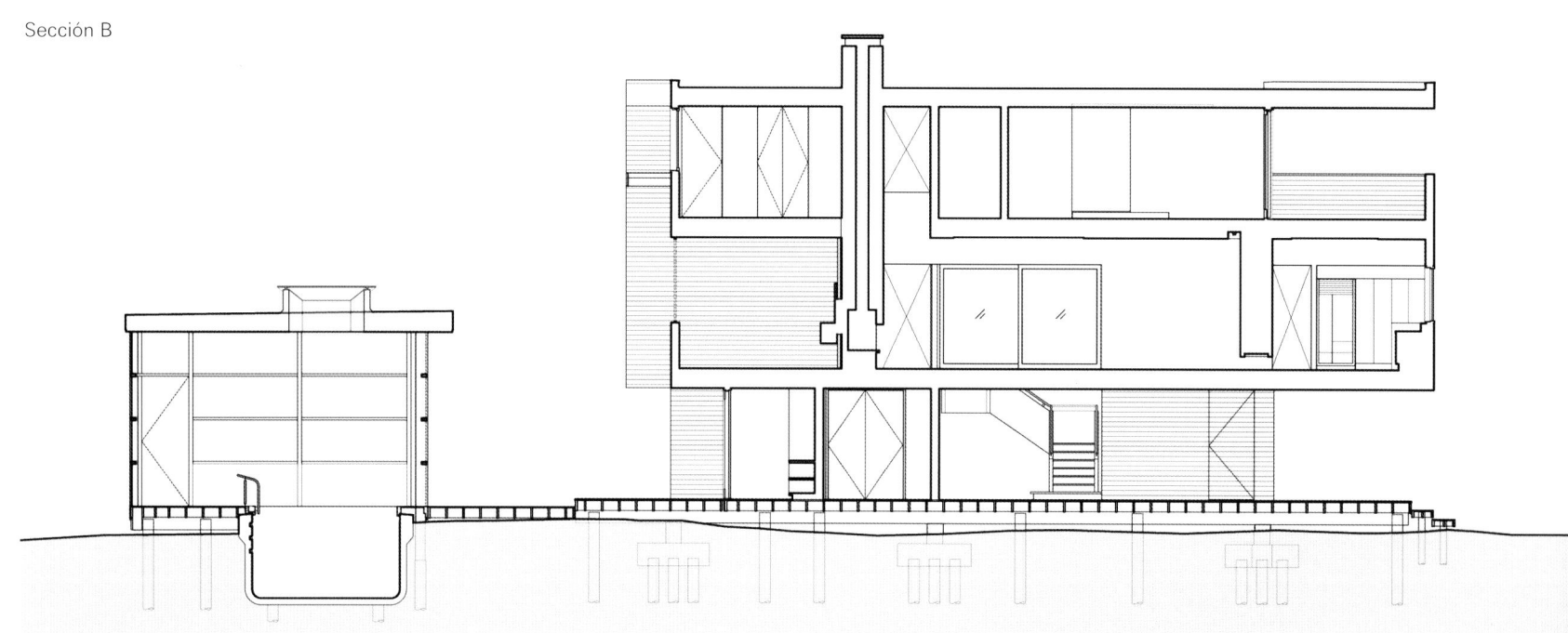

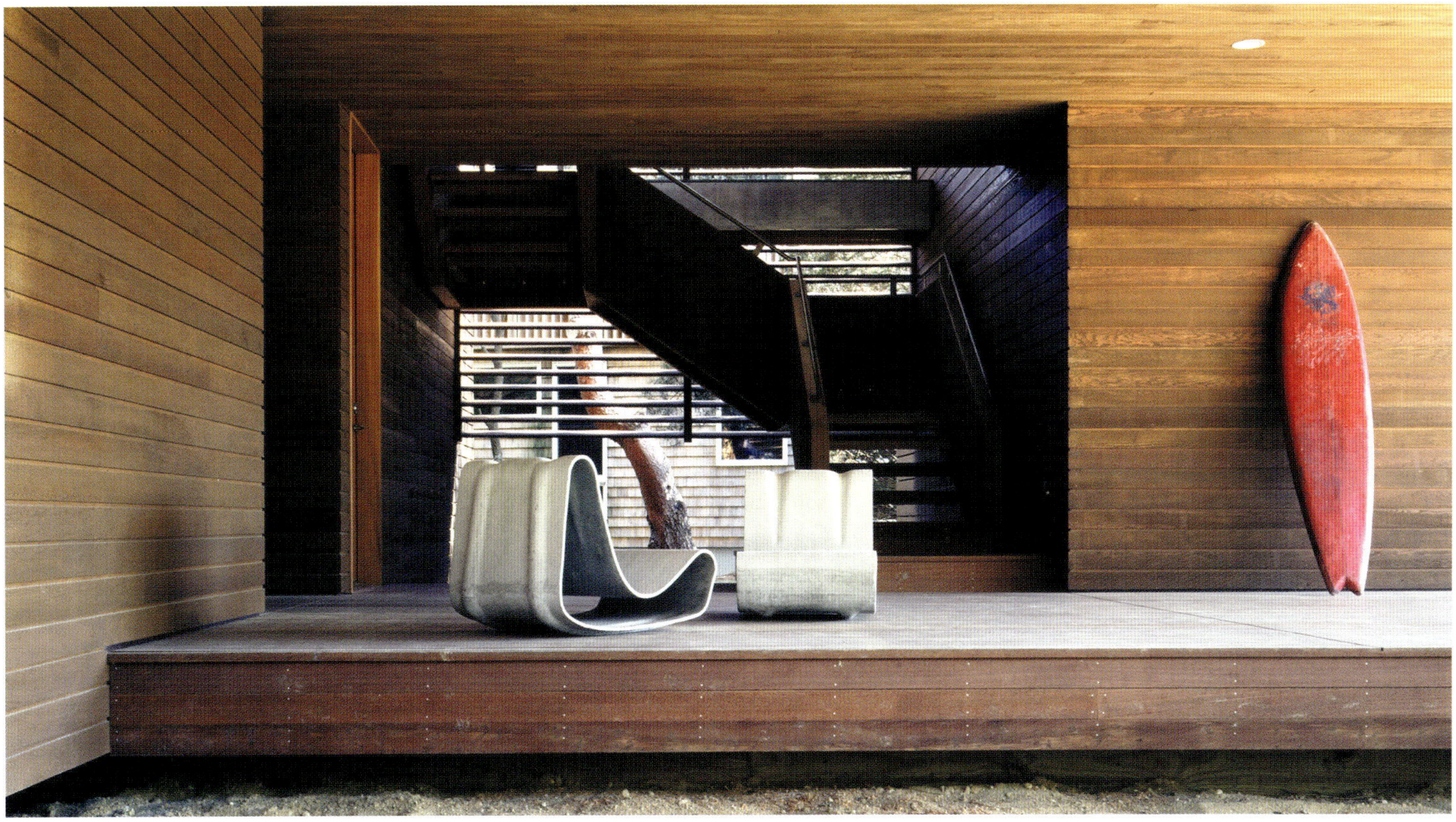

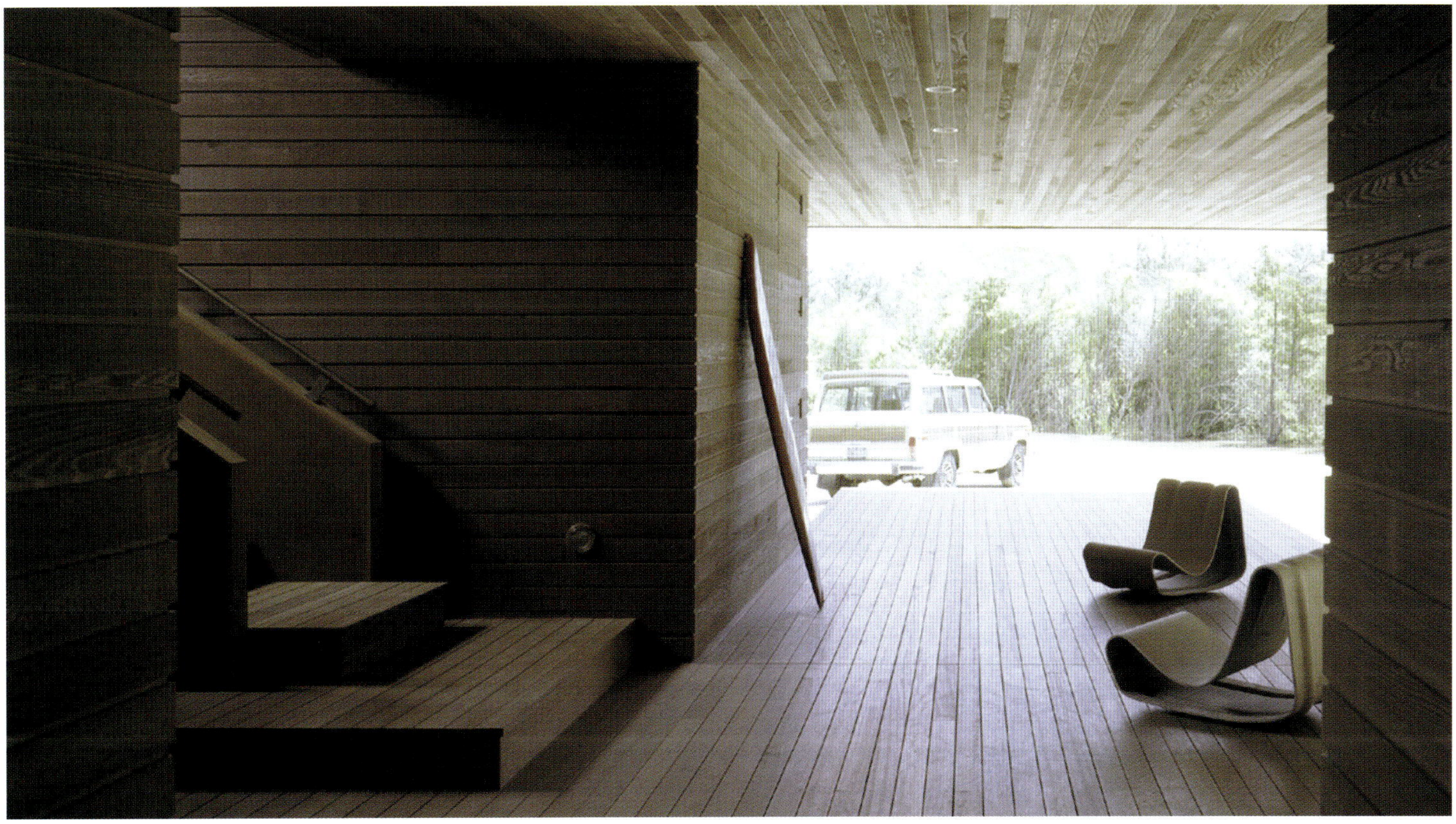

Sección de muro en la habitación de invitados

1. Cubierta de fibra de vidrio con pendiente exterior de contrachapado a 19 mm para drenaje
2. Parapeto de cobre recubierto en plomo
3. Cartelas antihuracán en cada junta
4. Frontis de cedro rebajado 1 x 10
5. Intradós de cedro con pendiente exterior de contrachapado a 19 mm
6. Plancha prefabricada enlucida de yeso
7. Aislamiento: R30 Kraft, mantas de fibra de vidrio
8. Traslapo de intemperie de 3 m en cedro rebajado entre ventanas
9. Aislamiento: R19 Kraft, mantas de fibra de vidrio
10. Pavimento T&G de roble ebanizado (7,6 cm)
11. Cubrejuntas de cobre recubierto en plomo
12. Enrase de 7,5 cm sobre pared de arriostramiento rebajada con traslapo de intemperie de 3 m en cedro
13. Base de telar exterior 2 ½ Fry Reglet
14. 5 ¼x11 7/8´´ P.L.
15. Plancha prefabricada enlucida de yeso
16. Pared de arriostramiento 2 x 6
17. Pared de arriostramiento 2 x 6 con traslapo de intemperie de 3 m en cedro (10 cm)

18. ¾´´ Pavimento de piedra sobre 1´´ base y subbase de contrachapado ¾´´
19. Aislamiento: R22 Kraft, mantas de fibra de vidrio
20. 2 ½ Fry Reglet
21. Estructura de acero
22. Barrera de vapor
23. Contrachapado para exteriores
24. Intradós de cedro T&G con pendiente exterior de contrachapado a 13 mm
25. Plancha prefabricada enlucida de yeso sobre contrachapado de 13 mm
26. Pared de arriostramiento 2 x 6 con contrachapado de 13 mm en cada lado
27. Traslapo de intemperie en cedro (10 cm)
28. Barrera de vapor
29. Contrachapado de pendiente exterior (13 mm)
30. Aislamiento: R19 Kraft, mantas de fibra de vidrio
31. Contrachapado 13 mm
32. Plancha prefabricada enlucida de yeso
33. Alfombra y contrapiso
34. Contrachapado 19 mm
35. Aislamiento: R22 Kraft, mantas de fibra de vidrio
36. Cartelas antihuracán en cada junta
37. (2) 3x12' s
38. Pilar característico de 3 m

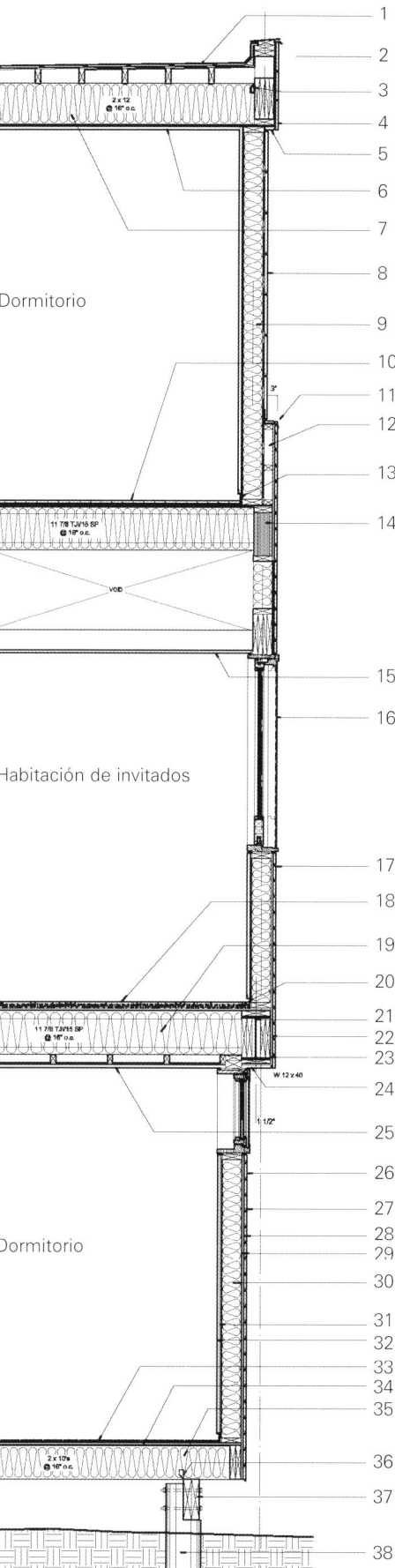

Para conectar espacios, modular la luz y la intimidad de los mismos y, en el caso de la piscina, para proporcionar la máxima sensación de resguardo, se utilizan pantallas de madera. La piedra, la madera y el vidrio forman una paleta limitada, dispuesta en detalle para evitar distracciones.

Crosson Clarke Carnachan Architects
Coromandel Bach

Coromandel, Nueva Zelanda

Esta casa de tamaño medio (con 128 m^2 de superficie útil) fue concebida como un contenedor asentado suavemente sobre la tierra y con el objetivo de que fuera una morada o el sueño de una morada. La intención del proyecto contempló reinterpretar la tradición edificatoria neozelandesa de la artesanía de la madera, de la expresión de la estructura, del revestimiento, los materiales y las juntas en un solo gesto. La construcción es una reminiscencia de las construcciones habituales de la región de Coromandel a principios de siglo: pesados elementos estructurales soportando un entramado de madera. La madera natural, un recurso renovable y por lo tanto sostenible, proporciona un vínculo con la naturaleza y lo natural. Con un simple mecanismo la plataforma de la terraza hace que la caja se abra cuando lleguen los propietarios, proporcionándoles un escenario para vivir, y se cierra cuando se van, restaurando la imagen compacta y estanca inicial. La casa se organiza en una sencilla planta rectangular asentada en el contorno de un espacio clareado, a la manera de cabaña rural y orientada al norte y a las vistas.

La sala de estar se abre al exterior y al sol, como una tienda o campamento metafóricos, mientras que las pequeñas habitaciones están cerradas y son más frías. La gran chimenea prevé la ocupación en invierno y el baño bierto, con una bañera móvil, permite que los rituales de baño y ducha se conviertan en una experiencia relacionada con la naturaleza.

Esta "bach" –una típica palabra neozelandesa que describe una casa de fin de semana, habitualmente situada en la playa– es un intento de proporcionar un entorno para capturar el espíritu esencial de las vacaciones de Nueva Zelanda en pleno paisaje neozelandés.

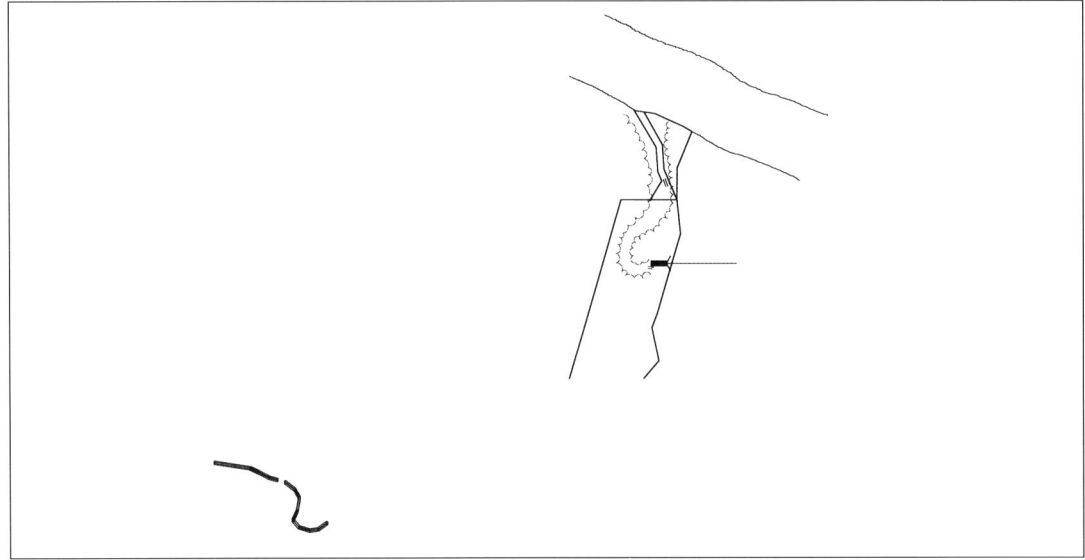

Fotógrafo: Patrick Reynolds

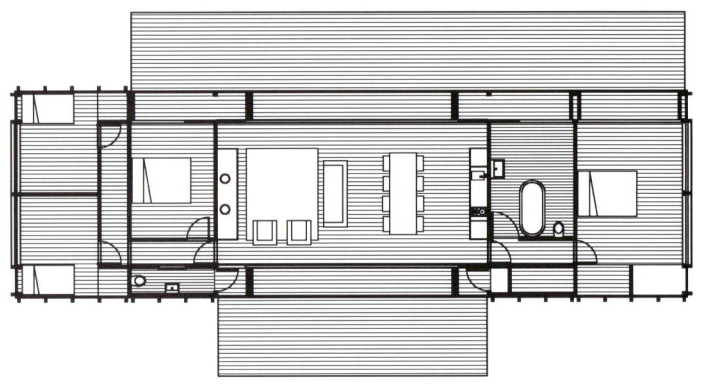

Planta

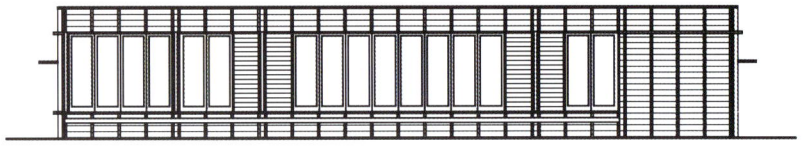

Alzado norte

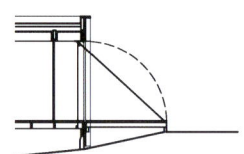

Sección - Plataforma bajada

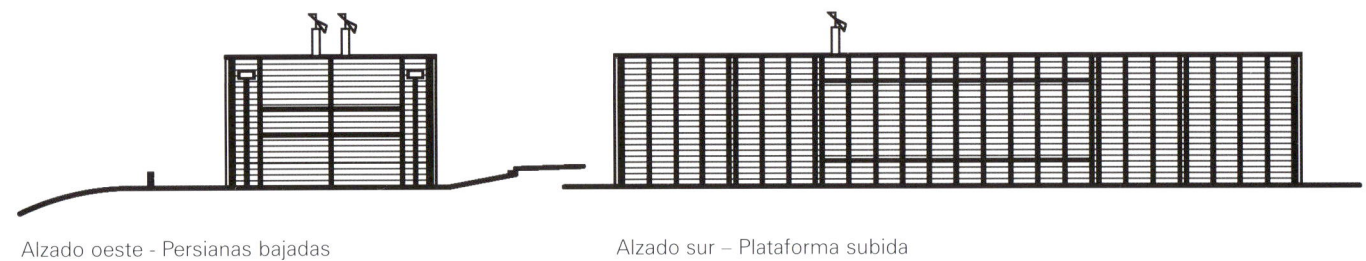

Alzado oeste - Persianas bajadas

Alzado sur – Plataforma subida

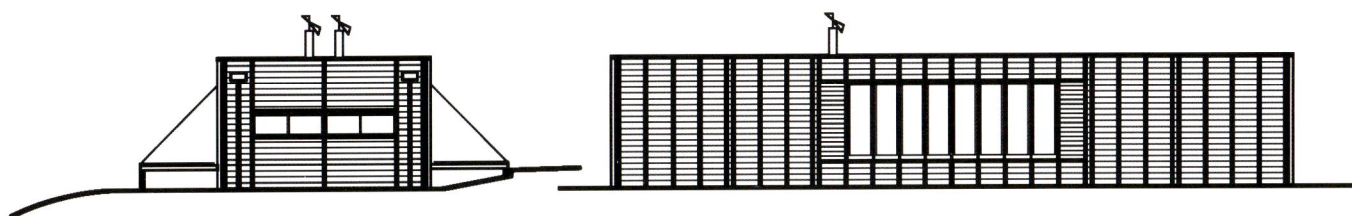

Alzado oeste - Persianas subidas   Alzado sur - Plataforma bajada

Sección transversal

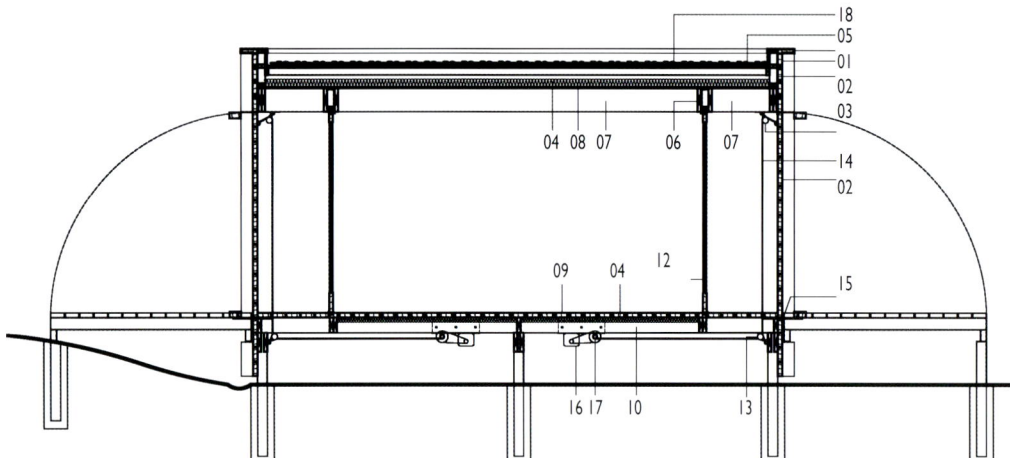

01. Tapajuntas
02. Acabado y pavimento de madera de ciprés de Lawson
03. Revestimiento
04. Aislamiento
05. Membrana impermeable sobre contrachapado
06. Viga de acero / dintel
07. Cerchas vistas de madera de ciprés de Lawson
08. Techo de contrachapado
09. Pavimento de madera
10. Viguetas de madera
11. Pilotes de madera / traviesa
12. Puertas de dos batientes
13. Guía única
14. Cuerda de Spectra
15. Bisagra de acero inoxidable, 20mm
16. Motor eléctrico
17. Eje
18. Piedras de río

La sala de estar está abierta al exterior y al sol, como una tienda o un campamento. El cuarto de baño abierto, con la bañera móvil, permite que los rituales de baño y ducha se conviertan en una experiencia relacionada con la naturaleza.

Enric Sòria

Casa en Port d'Addaia

Port d´Addaia, Menorca, España

Esta casa se asienta en una parcela de una urbanización corriente en las costas de Menorca, pero en cambio disfruta de una ubicación privilegiada, a primera línea de mar y adyacente a un pequeño puerto natural, el Port d'Addaia, al norte de la isla, y cuenta con vistas a la costa opuesta totalmente virgen como telón de fondo. La casa está construida en una parcela de unos 670 m² afectada por diversas líneas de servidumbres y franjas de protección marítima y terrestre. La orografía del lugar le confiere una fuerte pendiente de tierra a mar que obliga a aterrazar la topografía de la parcela.

La vivienda, con una superficie total de 226 m² y una planta ligeramente trapezoidal de 109 m², se proyecta en un volumen prismático muy simple, con una cara muy abierta a levante y a mar, la cara opuesta –a poniente– con un tratamiento remarcado de la fachada de acceso, y los dos laterales prácticamente ciegos.

La distribución se dispone en tres niveles: el superior, de acceso, ligeramente deprimido respecto a la calle, que aloja la zona de estar de la casa; un segundo nivel, inferior, con la zona de dormitorios y baños, y un tercero bajo éste, donde se ha construido un porche de uso complementario al espacio abierto del jardín. Los dos primeros niveles se comunican por una escalera interior, mientras que al porche se accede por el exterior.

La fachada principal a levante está presidida por una amplia terraza, un mirador extraordinario del escenario natural del puerto. Esta terraza ocupa todo el ancho de la fachada y da al comedor, al estar y a la cocina a través de un gran ventanal. Bajo este nivel, los dormitorios disfrutan de unas pequeñas terrazas individuales de 90 cm de profundidad, con un cerramiento de lamas orientables que es en difinitiva una cámara de penumbra para tamizar la intensa luz del Mediterráneo.

El porche inferior está abierto y en el jardín se ha construido una pequeña piscina con un borde exterior que queda sobrepuesto a las vistas sobre el mar. Por otro lado, en línea con la calle y en todo el ancho de la parcela se ha construido una valla vegetal para proteger la privacidad, y un pequeño aparcamiento.

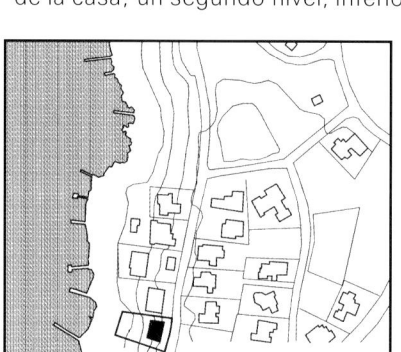

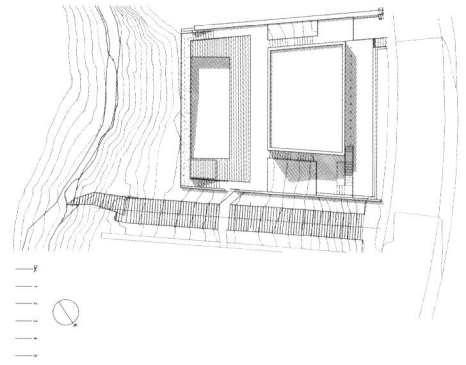

Fotógrafo: Lluís Casals

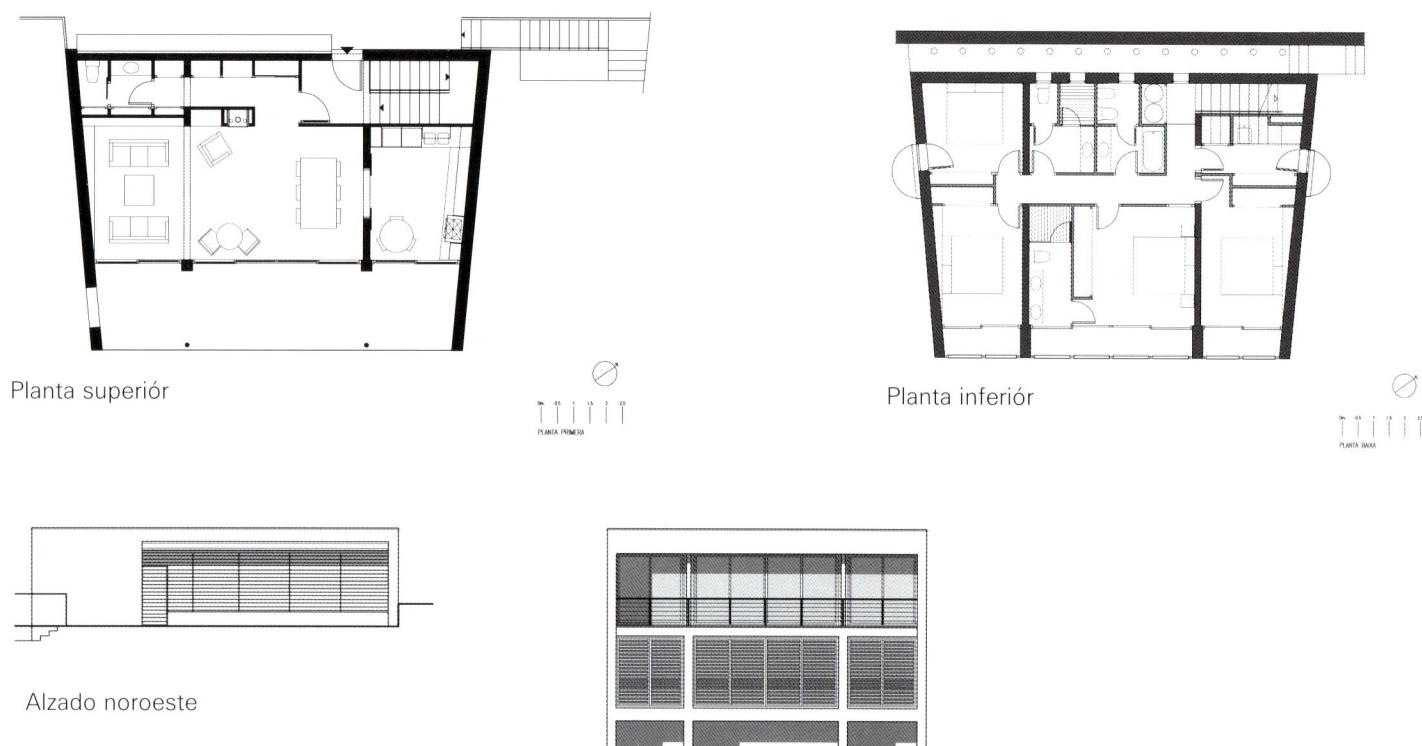

Planta superiór

Planta inferiór

Alzado noroeste

Alzado sureste

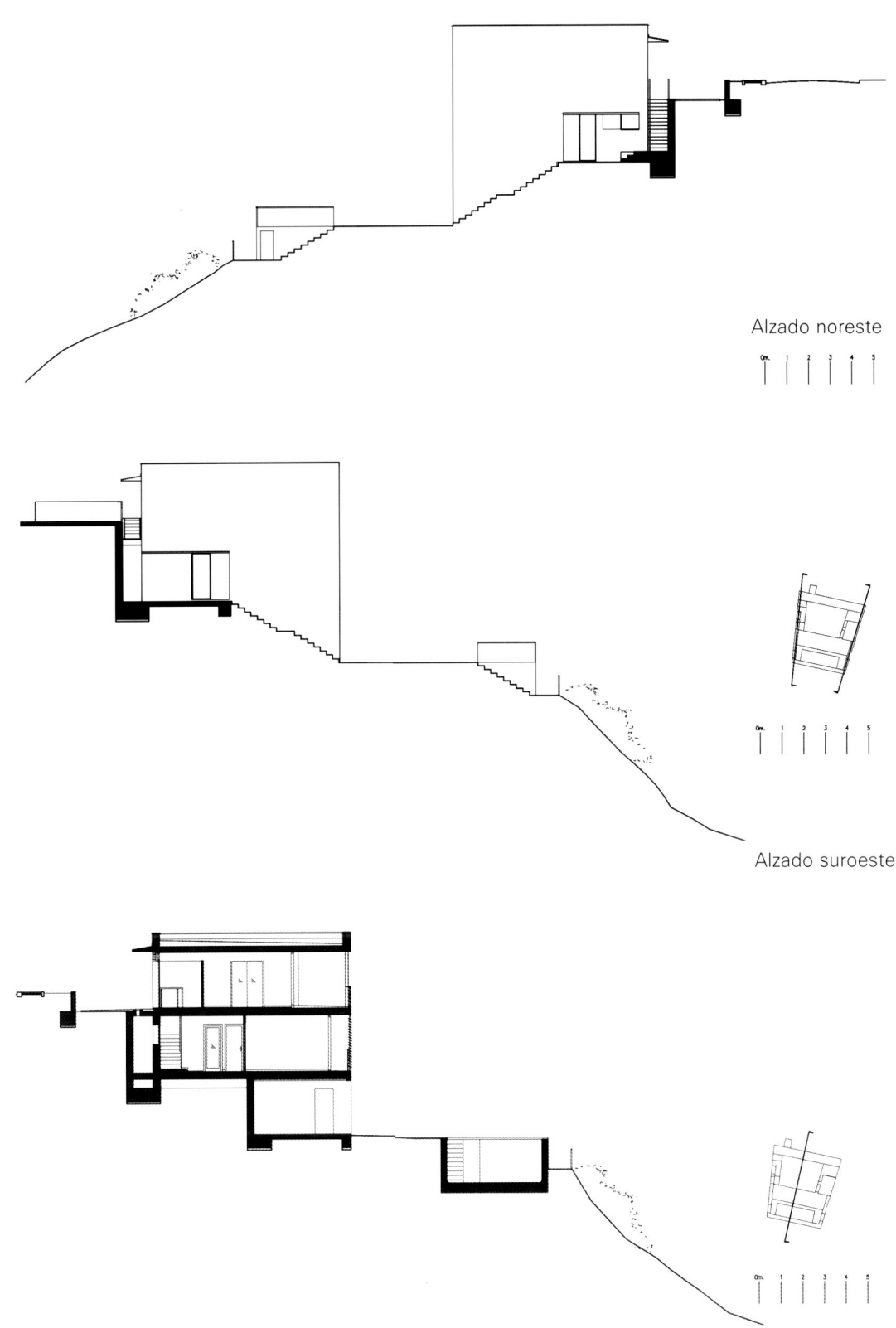

Alzado noreste

Alzado suroeste

Sección transversal

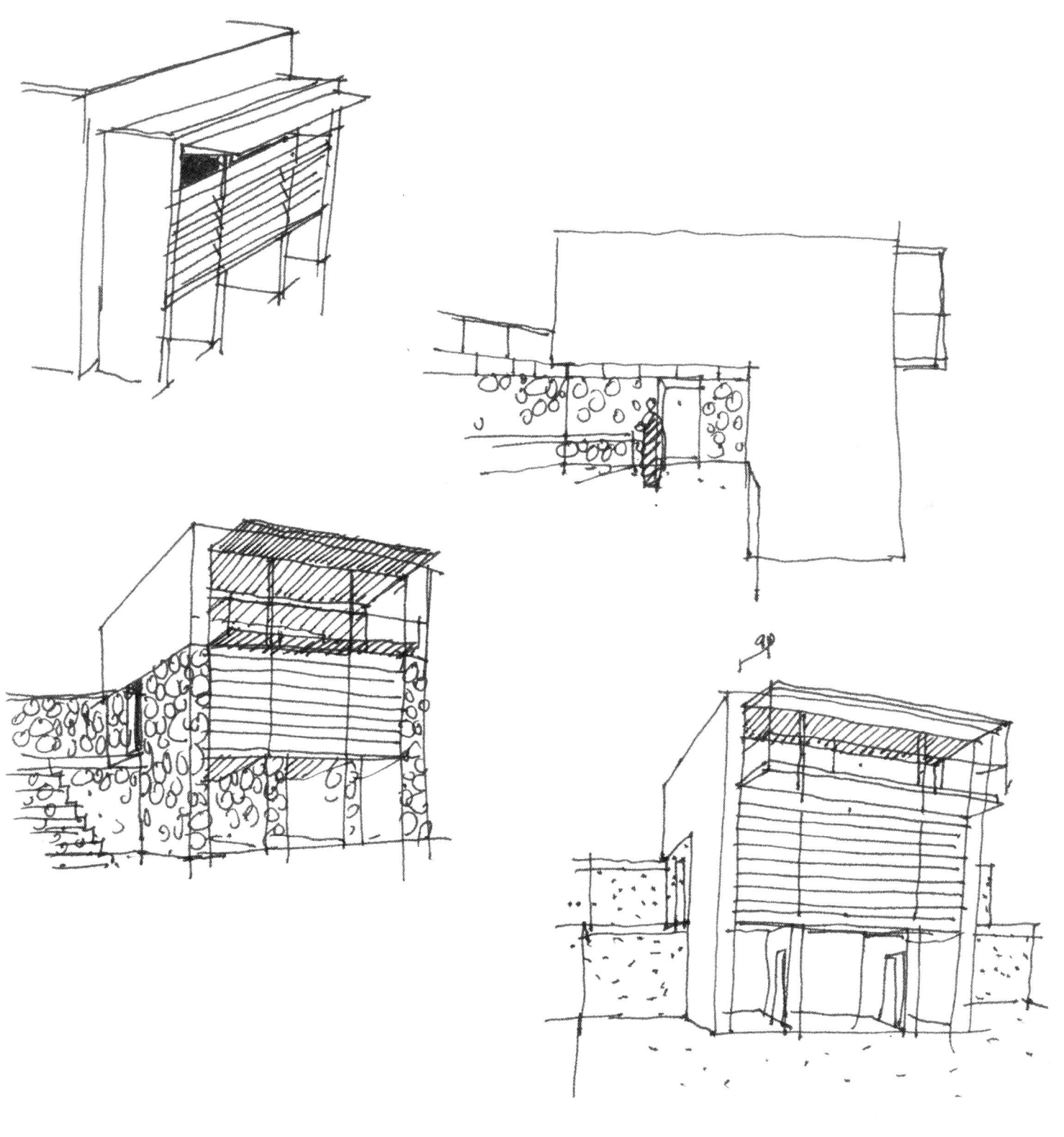

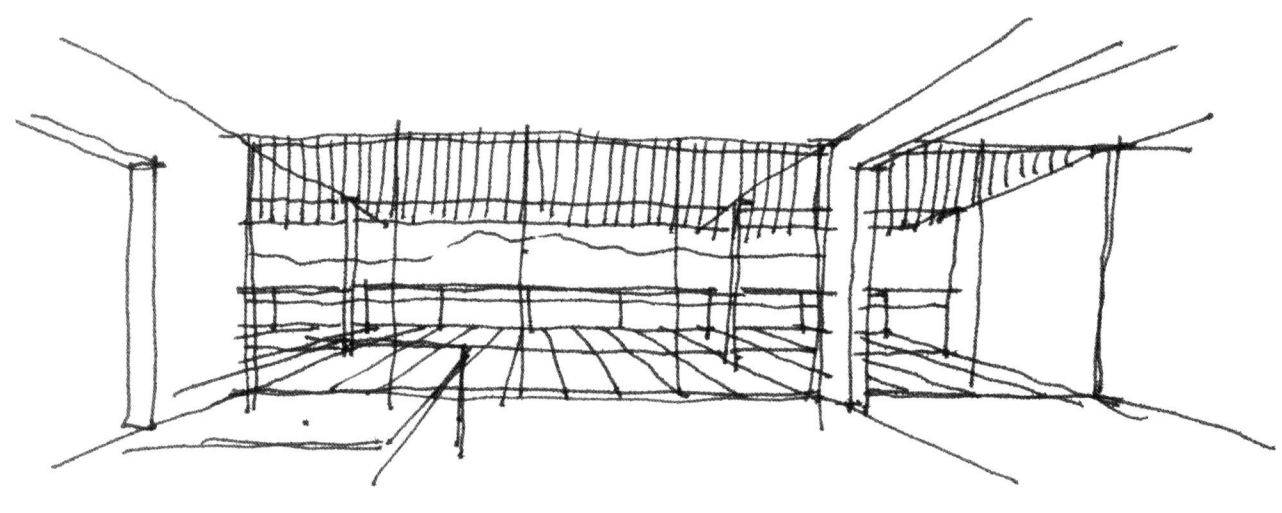

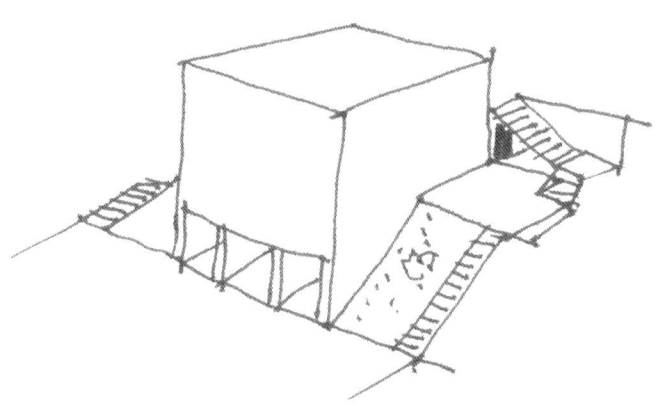

La casa cuenta con una estructura convencional de paredes de carga y forjados, mientras que el acabado exterior es revocado y pintado. Los cerramientos son de aluminio y las persianas de PVC; las barandillas son de acero inoxidable y la fachada de entrada se ha revestido con un aplacado de madera.

Atelier Bow-Wow
Casa Izu

Shizuoka, Nishizu, Japón

Con el encargo de la casa Izu el cliente deseaba desconectar por completo de su vida en Tokio y establecerse en un lugar más relajante, en un tranquilo emplazamiento rural. El acceso a la parcela escogida se produce al dejar la carretera principal y tomar un pequeño sendero a través de lo que fue una plantación de mandarinos. Al llegar a la cumbre, la vista se abre de pronto hacia la inmensidad de la bahía de Suruga, a 100 metros bajo sus pies. El emplazamiento linda por uno de sus lados con un acantilado casi vertical, que ofrece la impresión de encontrarse casi en el cielo o en el océano. Esta sensación se hace más acusada por la estructura de una plataforma que se ha construido sobresaliendo por

encima del acantilado. El estudio arquitectónico preliminar se centró en cómo se podía implantar la vivienda en un espacio tan inclinado, e incorporar a la vez al proyecto las escalonadas tierras de cultivo adyacentes. Al mismo tiempo, el cliente insistió en que no quería un hogar enclavado o demasiado cerrado en sí mismo en este espectacular entorno, y prefirió en su lugar desafiar sus sensaciones corporales y ofrecer la impresión de encaminarse derecho al futuro.

El diseño final se levanta sobre una plataforma que desafía la gravedad, a la vez que establece una firme conexión psicológica con la tierra firme gracias al jardín.

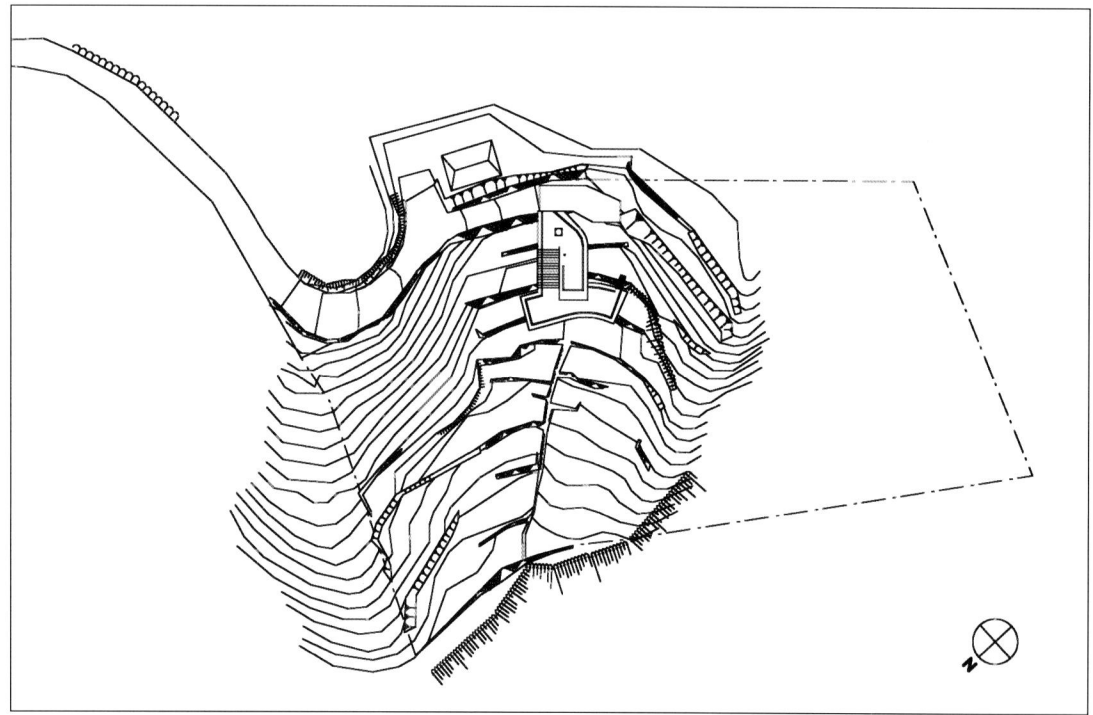

Fotógrafo: Takashi Homma

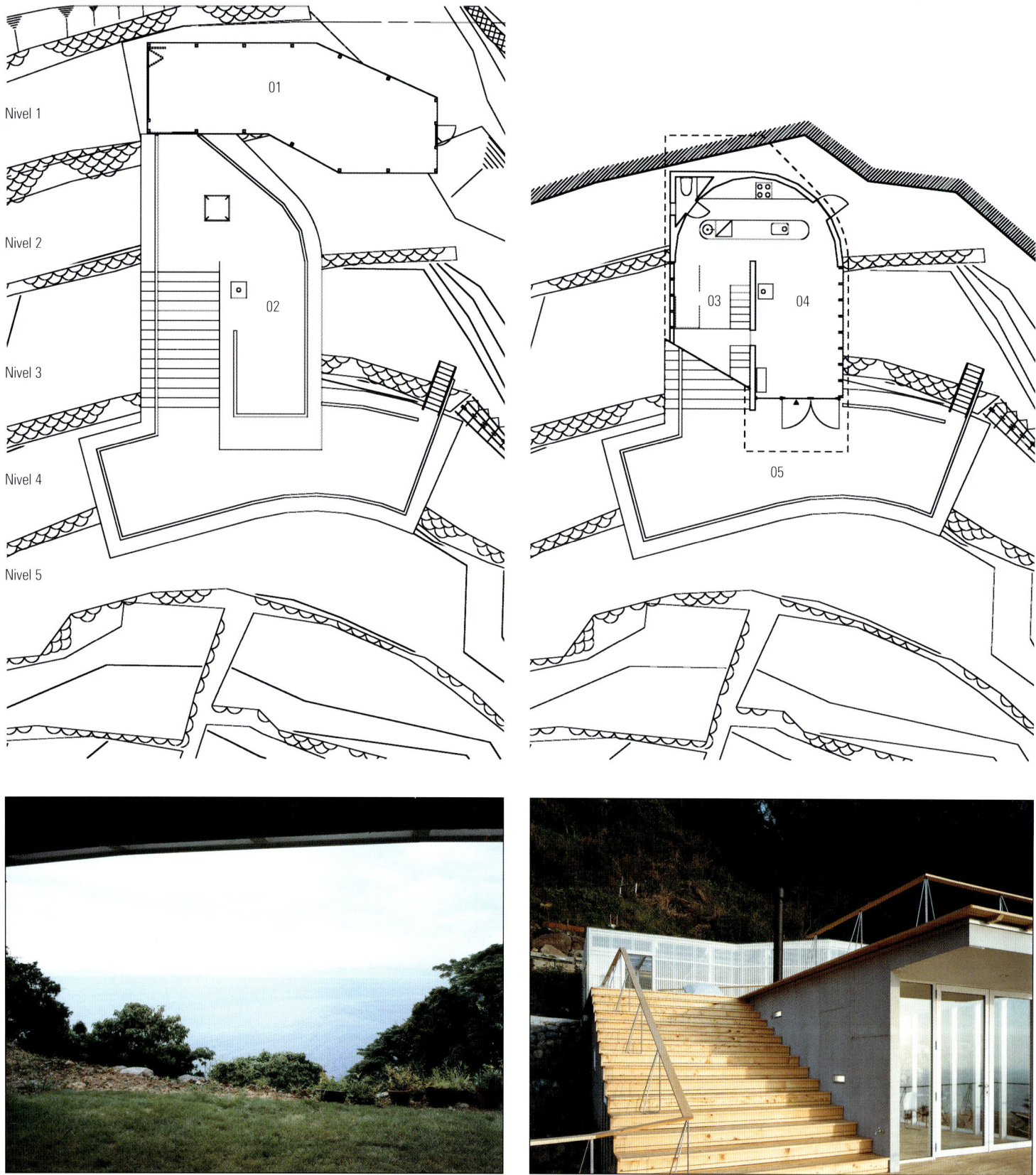

Nivel 1

Nivel 2

Nivel 3

Nivel 4

Nivel 5

01

02

03 04

05

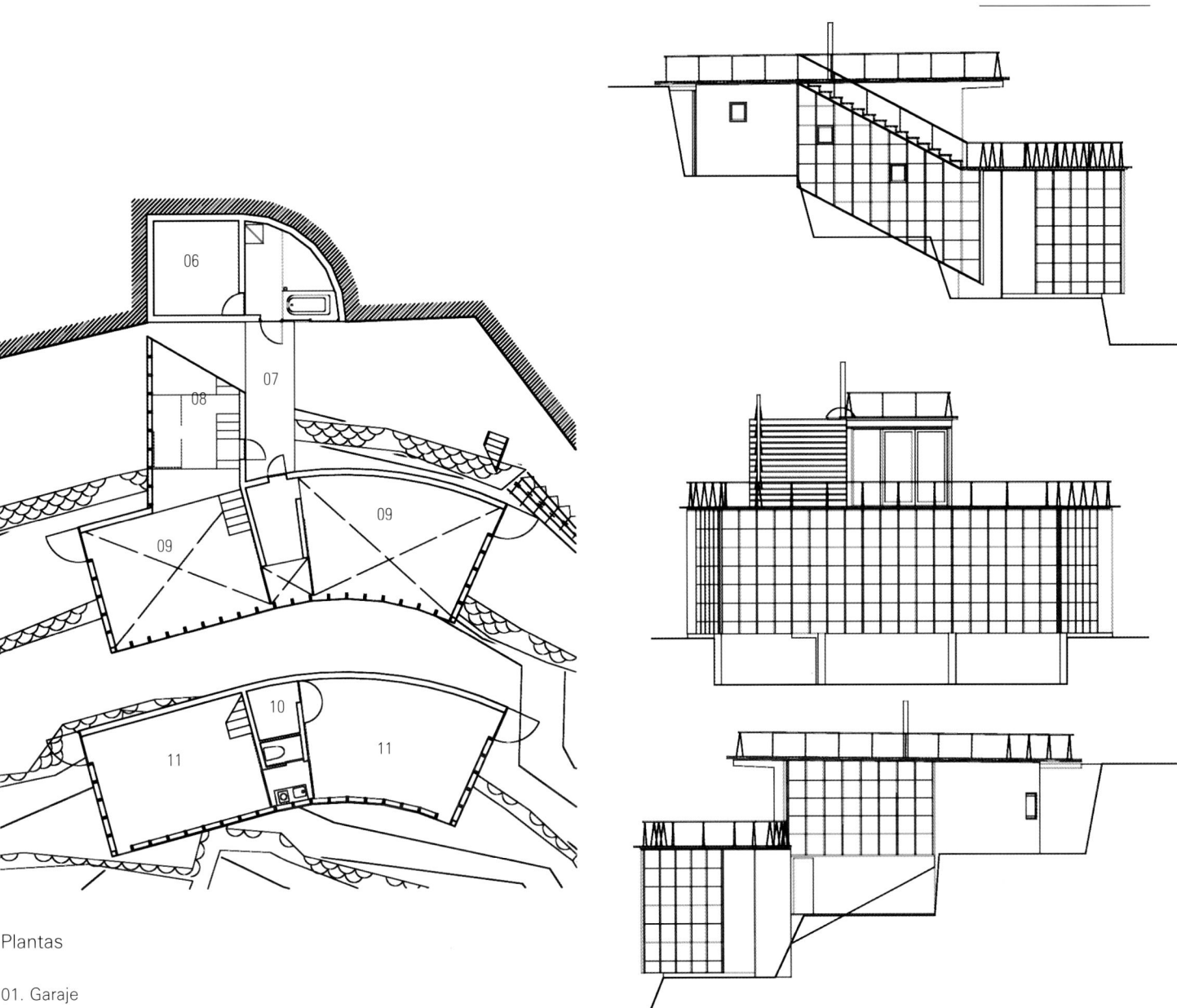

Plantas

01. Garaje
02. Cubierta-terraza
03. Dormitorio
04. Sala de estar
05. Cubierta-terraza
06. Armario
07. Paso
08. Dormitorio
09. Estudio
10. Closet
11. Taller

Alzados

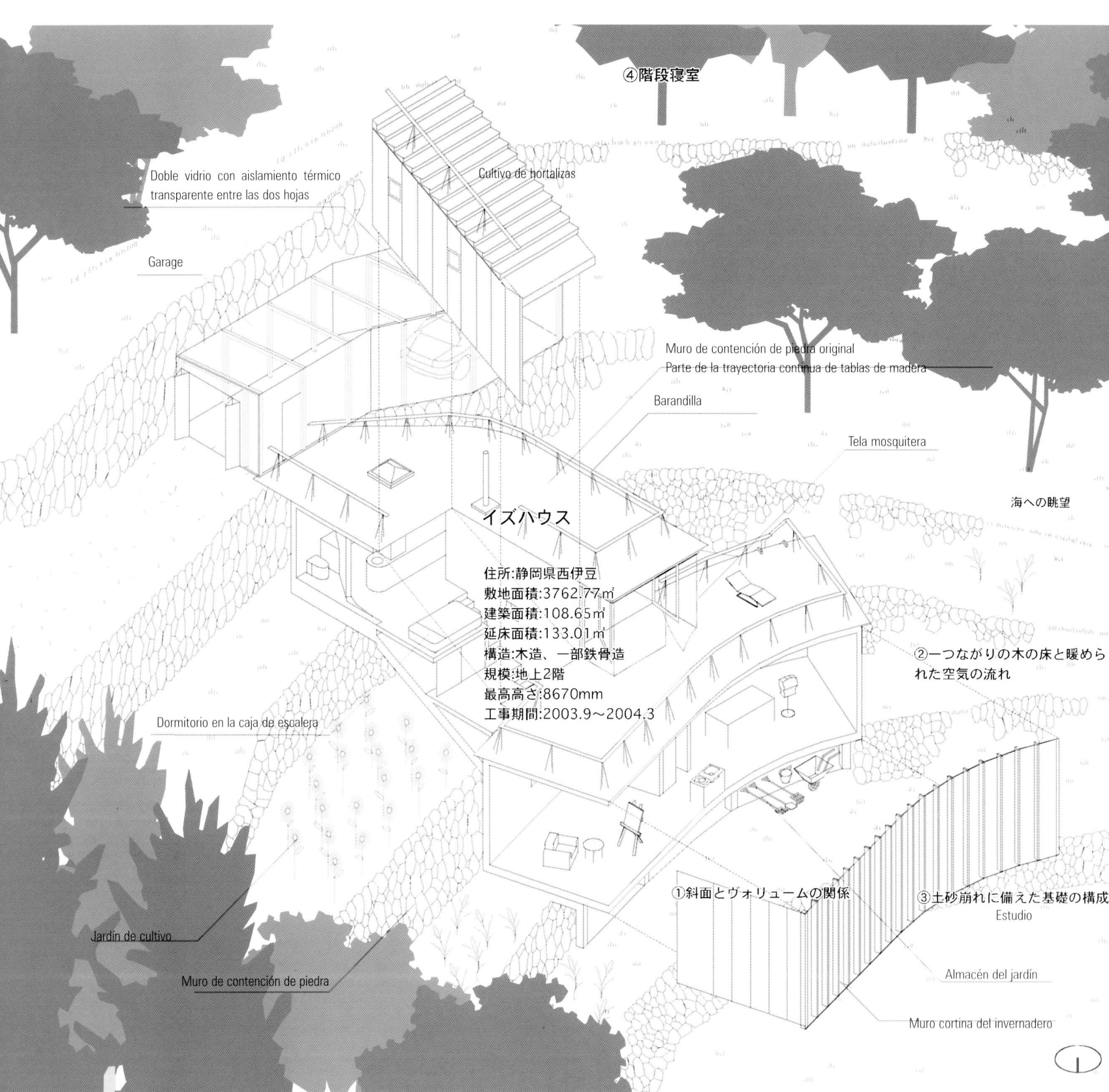

④階段寝室

Doble vidrio con aislamiento térmico transparente entre las dos hojas

Cultivo de hortalizas

Garage

Muro de contención de piedra original
Parte de la trayectoria continua de tablas de madera

Barandilla

Tela mosquitera

海への眺望

イズハウス

住所:静岡県西伊豆
敷地面積:3762.77㎡
建築面積:108.65㎡
延床面積:133.01㎡
構造:木造、一部鉄骨造
規模:地上2階
最高高さ:8670mm
工事期間:2003.9～2004.3

②一つながりの木の床と暖められた空気の流れ

Dormitorio en la caja de escalera

①斜面とヴォリュームの関係

③土砂崩れに備えた基礎の構成

Estudio

Jardín de cultivo

Muro de contención de piedra

Almacén del jardín

Muro cortina del invernadero

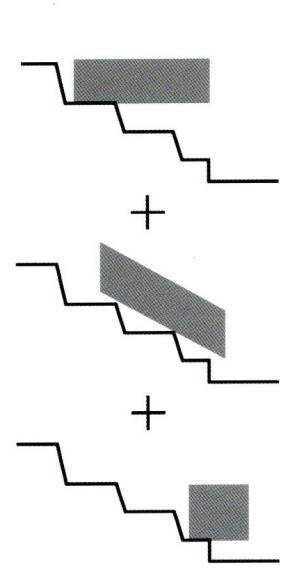

1. Pendiente de la colina y volumen de la casa

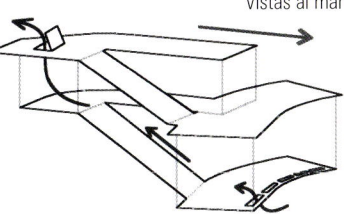

2. El aire fluye a lo largo de las tablas continuas de madera

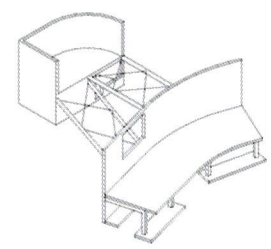

3. La cimentación se ha diseñado para resistir deslizamientos de tierra

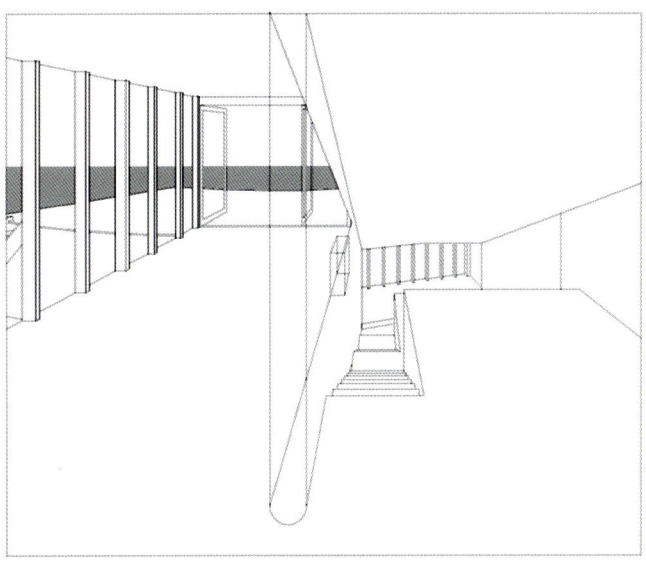

4. El dormitorio escalonado sigue la pendiente de la colina, mientras que la sala de estar se estira hacia el mar

Vistas al mar

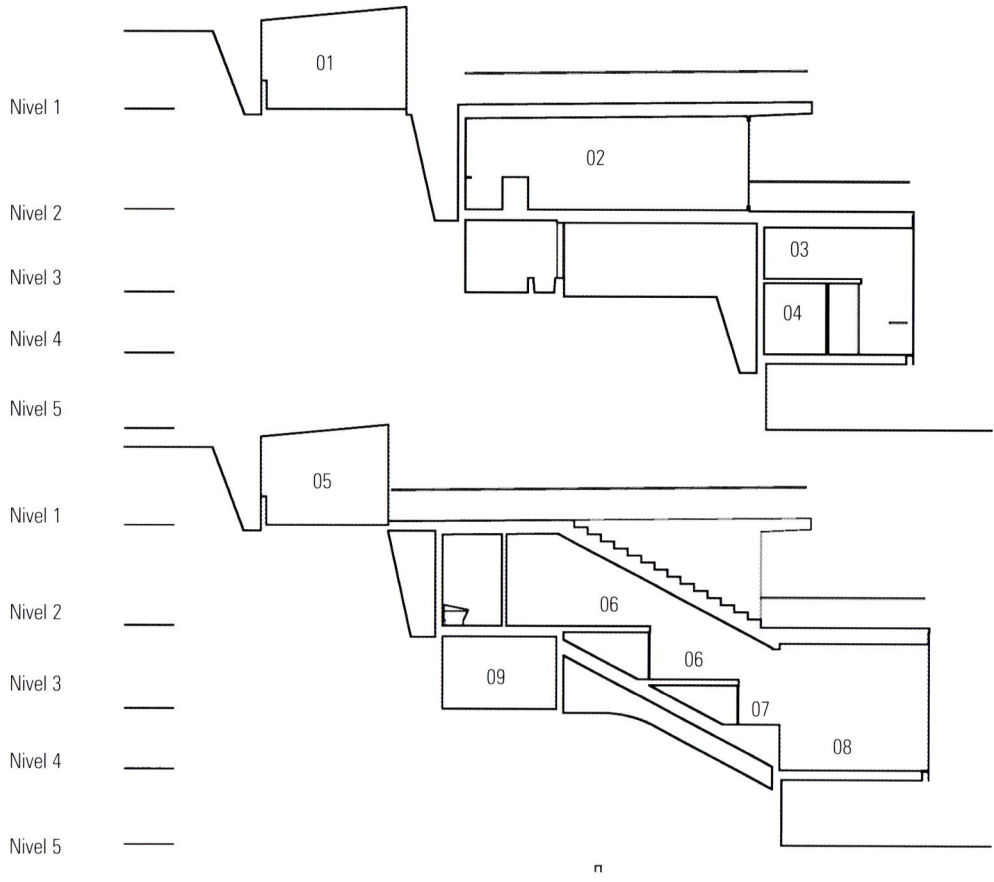

Nivel 1

01

02

Nivel 2

Nivel 3

03

Nivel 4

04

Nivel 5

05

Nivel 1

06

Nivel 2

06

Nivel 3

09

07

Nivel 4

08

Nivel 5

Secciones

01. Garaje
02. Sala de estar
03. Estudio
04. Armario
05. Garaje
06. Dormitorio
07. Estudio
08. Taller
09. Armario

Casa Izu
Emplazamiento: Nishi-izu, Shizuoka, Japón
Estructura: Madera y acero
Composición vertical: dos plantas sobre rasante
Superficie de la parcela: 763 m^2
Superficie útil: 109 m^2
Total superficie construida: 133 m^2
Altura máxima: 8,7 metros
Finalización: Marzo 2004

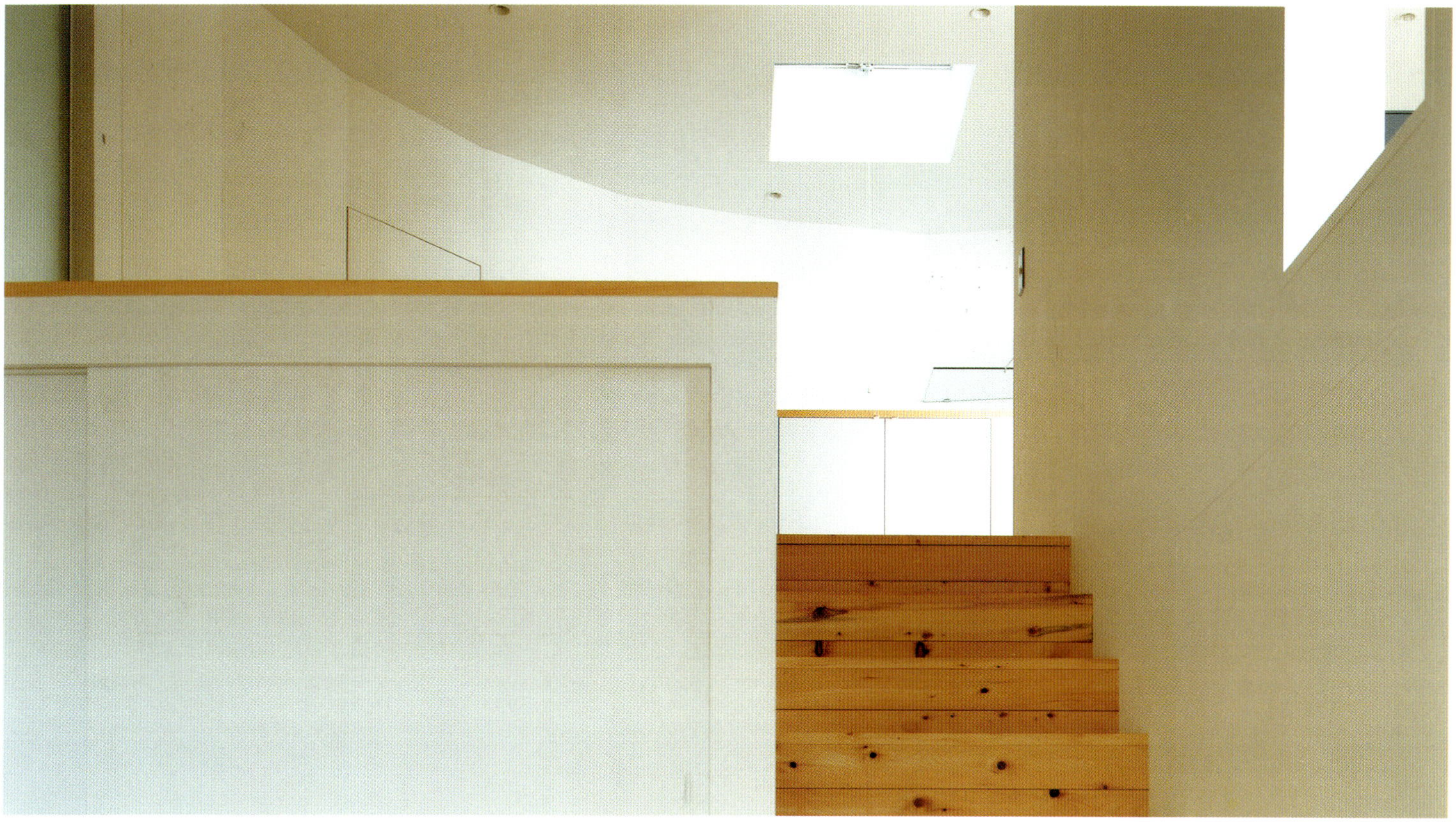

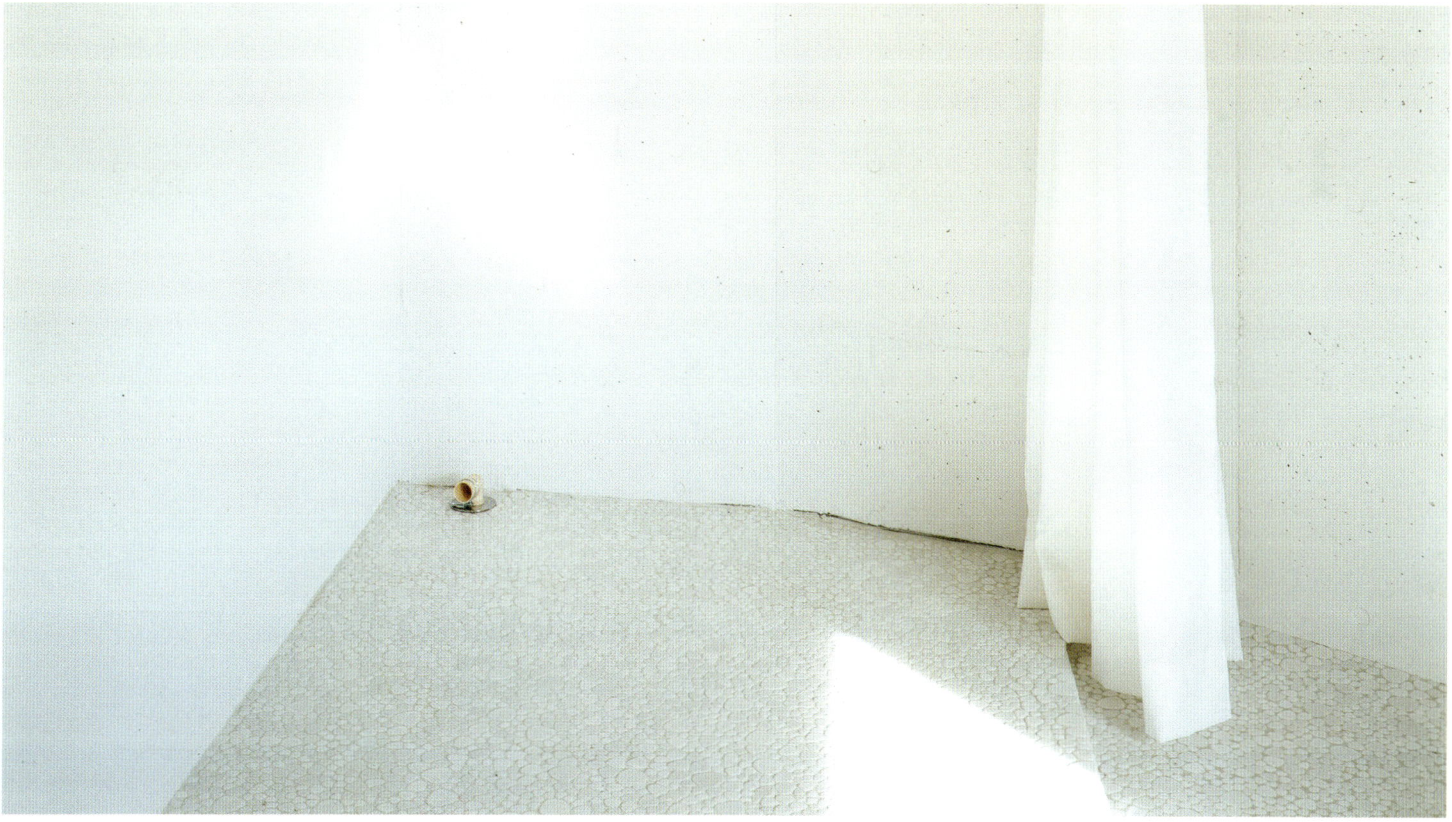

Buzacott Associates Architects
Casa Hart/Picknett

Killcare, NSW, Australia

La casa original, de ladrillo y de tres plantas, había sido construida en 1970, adyacente a una de las caras de una colina aterrazada en dirección a la playa de Killcare, a una hora y media –en coche– al norte de Sidney. Los arquitectos encontraron la casa en unas condiciones deplorables debido a una pobre construcción; además, también había sido pobremente distribuida, con habitaciones muy pequeñas que no sacaban todo el provecho de su ubicación. Los forjados existentes se encontraban en muy malas condiciones y el área de la piscina, al este de la casa, era inaccesible directamente desde el interior.

El proyecto requería la apertura del nivel superior para proporcionar espacios abiertos entre la terraza situada al este, encarada a la playa, y al área reconstruida de la piscina al oeste de la casa, al nivel de la entrada. Se dispusieron cuatro habitaciones y dos baños en el nivel intermedio y un apartamento separado en la estructura vacía de un nivel inferior no construido.

Como la normativa vigente no iba a permitir que una nueva casa ocupara el mismo volumen y altura que la construcción original, los arquitectos decidieron trabajar dentro de las restricciones del diseño existente, recortando y ajustando el proyecto para conseguir un edificio más equilibrado.

El acceso a la casa se produce por el oeste, a través del camino existente y bajo la nueva estructura de una pérgola. Desde el camino se llega a un pequeño patio de entrada que conduce directamente a la piscina y a la terraza de la cocina; la entrada "formal" se encuentra en el nivel intermedio entre las dos plantas superiores. Una escalera abierta conduce a la planta de estar principal, que se ha abierto completamente formando un gran espacio de 12 x 6 m.

El área de estar principal dispone de grandes puertas correderas que dan a un nuevo balcón de acero que se proyecta por encima de los árboles y se abre a las vistas de la playa. Una cocina igualmente abierta comunica con las terrazas rediseñadas de la piscina al oeste, y un espacio de loft-estudio ubicado sobre el garaje domina todo el espacio de estar.

El principal elemento de la reforma es la estructura de acero que soporta las tres terrazas y la fachada rediseñada al este. La estructura se sustenta por vigas en voladizo con la inclinación precisa para que los tres forjados puedan ensancharse gradualmente hacia la planta superior, con una parte en ménsula que aloja un espacio de comedor. Esta estructura se amplió para soportar las plataformas y se ancla a la cimentación en las rocas. Los ladrillos originales se han teñido y se ha dotado a la casa de una nueva cubierta de acero corrugado y coloreado.

Fotógrafo: Adrian Boddy

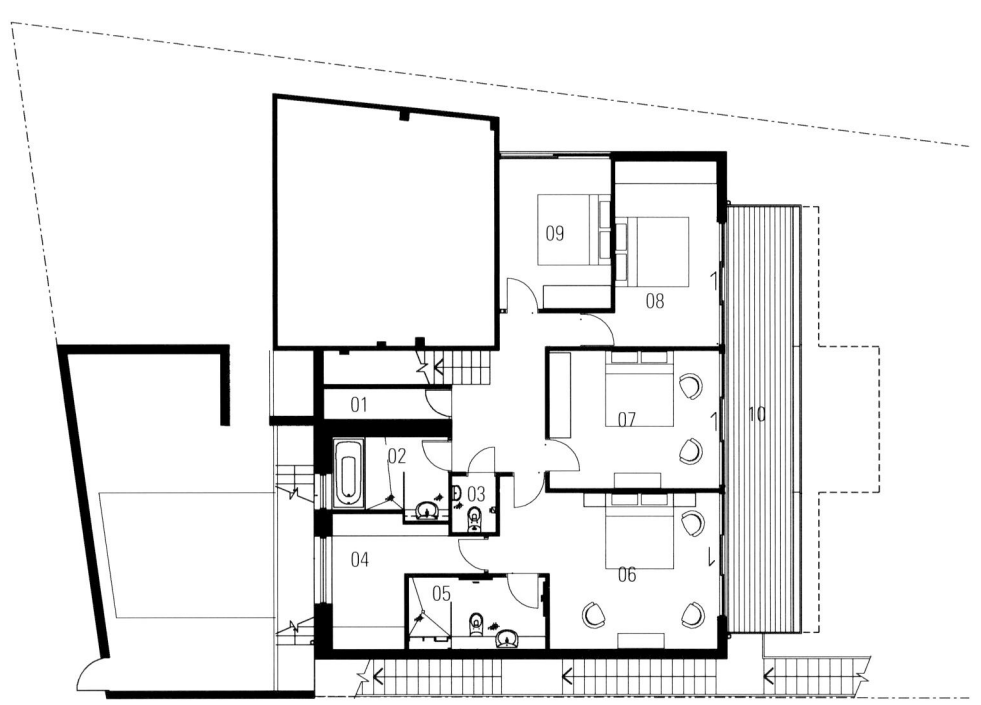

Planta tercera - Entrada

01. Garaje
02. Piscina
03. Lavadero
04. Entrada
05. Baño
06. Cocina
07. Sala de estar
08. Comedor
09. Terraza

2nd floor plan

01. Trastero
02. Baño
03. WC
04. Vestidor
05. Bath
06. Dormitorio 1
07. Dormitorio 2
08. Dormitorio 3
09. Dormitorio 4
10. Terraza

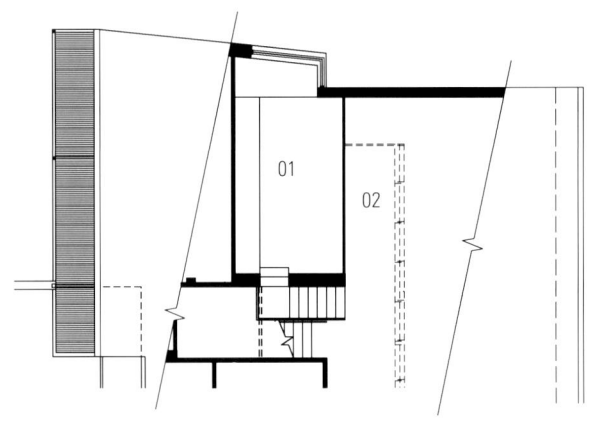

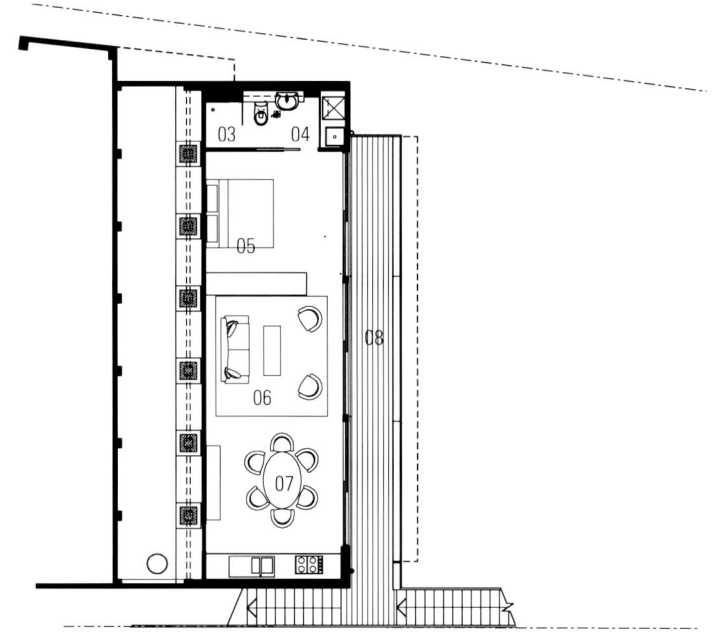

Plantas cuarta y primera

01. Loft
02. Hueco
03. Baño
04. Lavadero
05. Dormitorio
06. Cocina
07. Sala de estar
08. Terraza

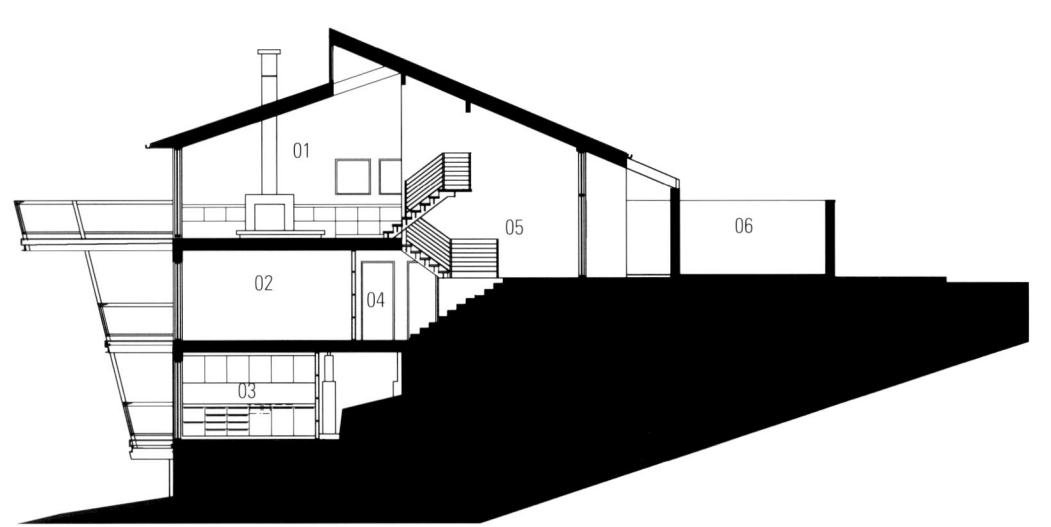

Sección

01. Sala de estar
02. Dormitorio
03. Piso
04. Vestíbulo
05. Entrada
06. Piscina

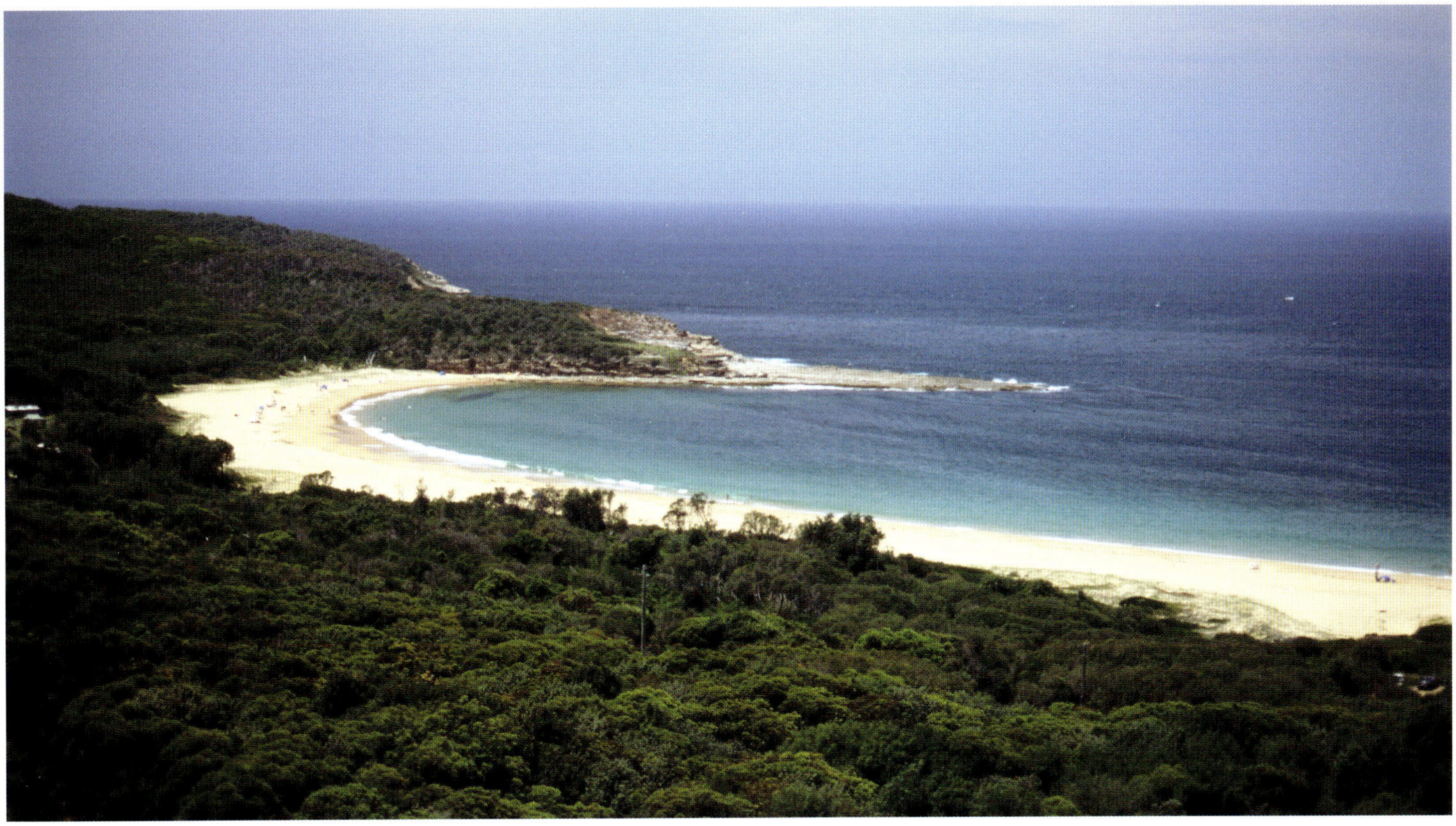

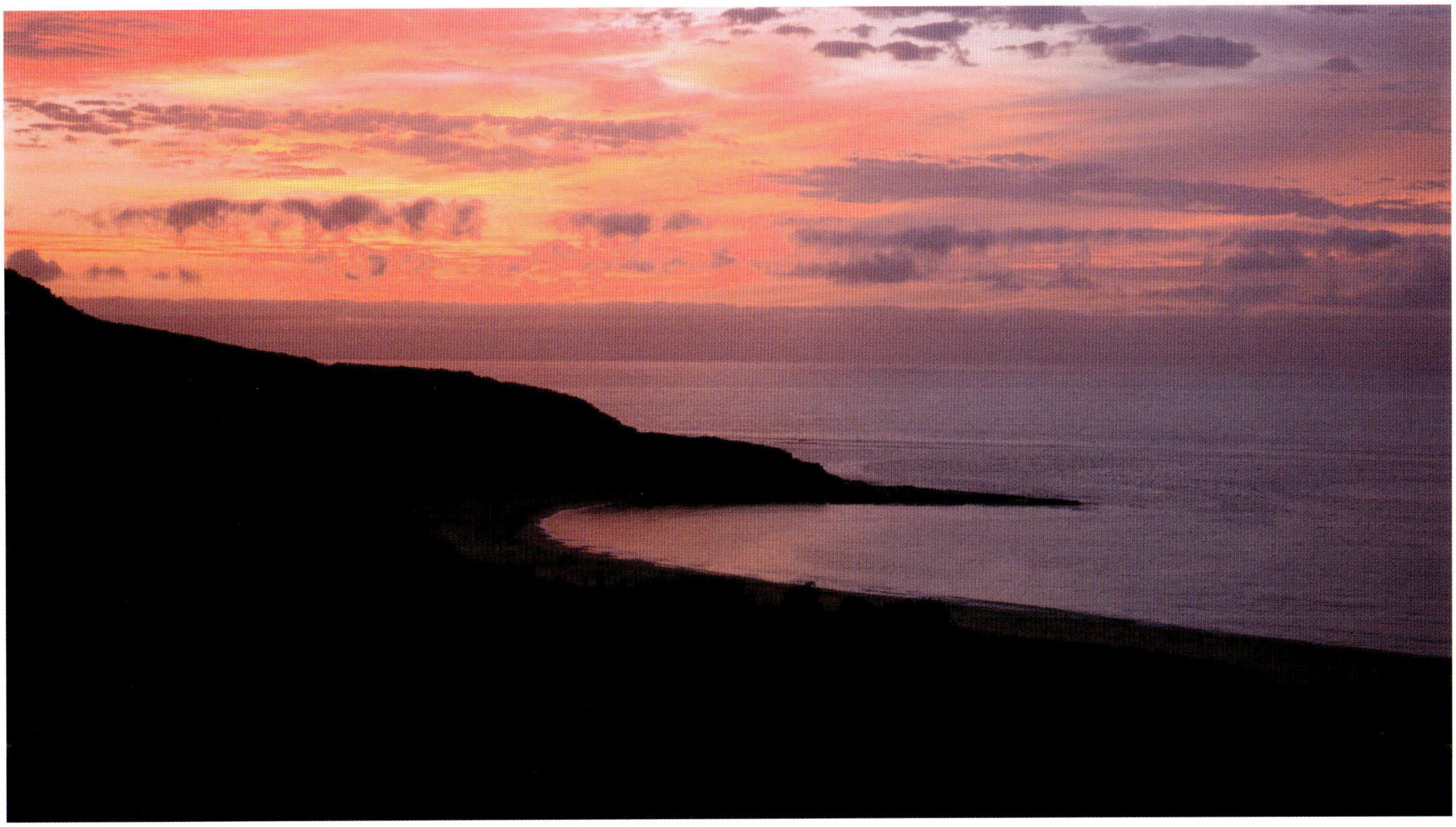

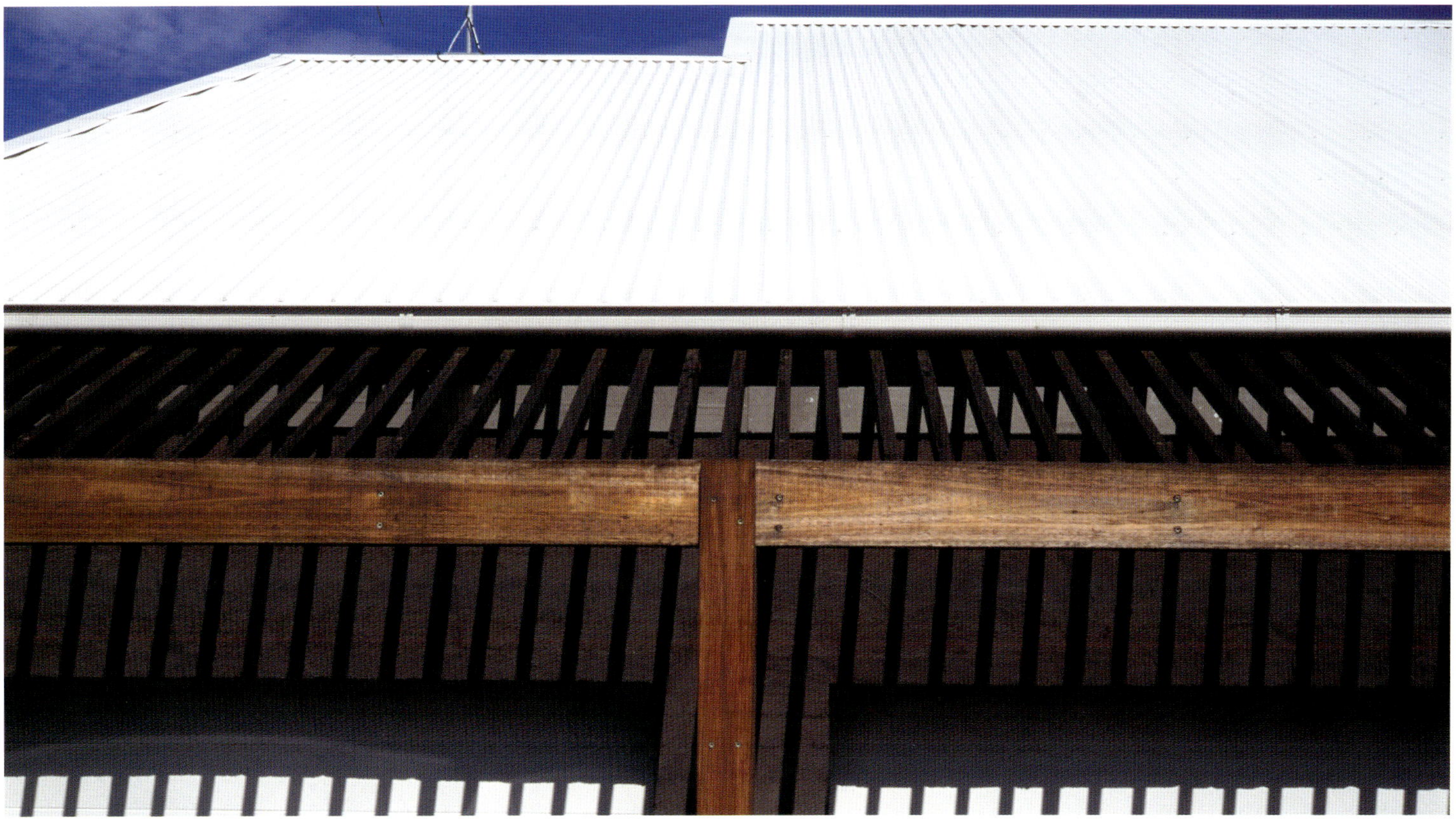

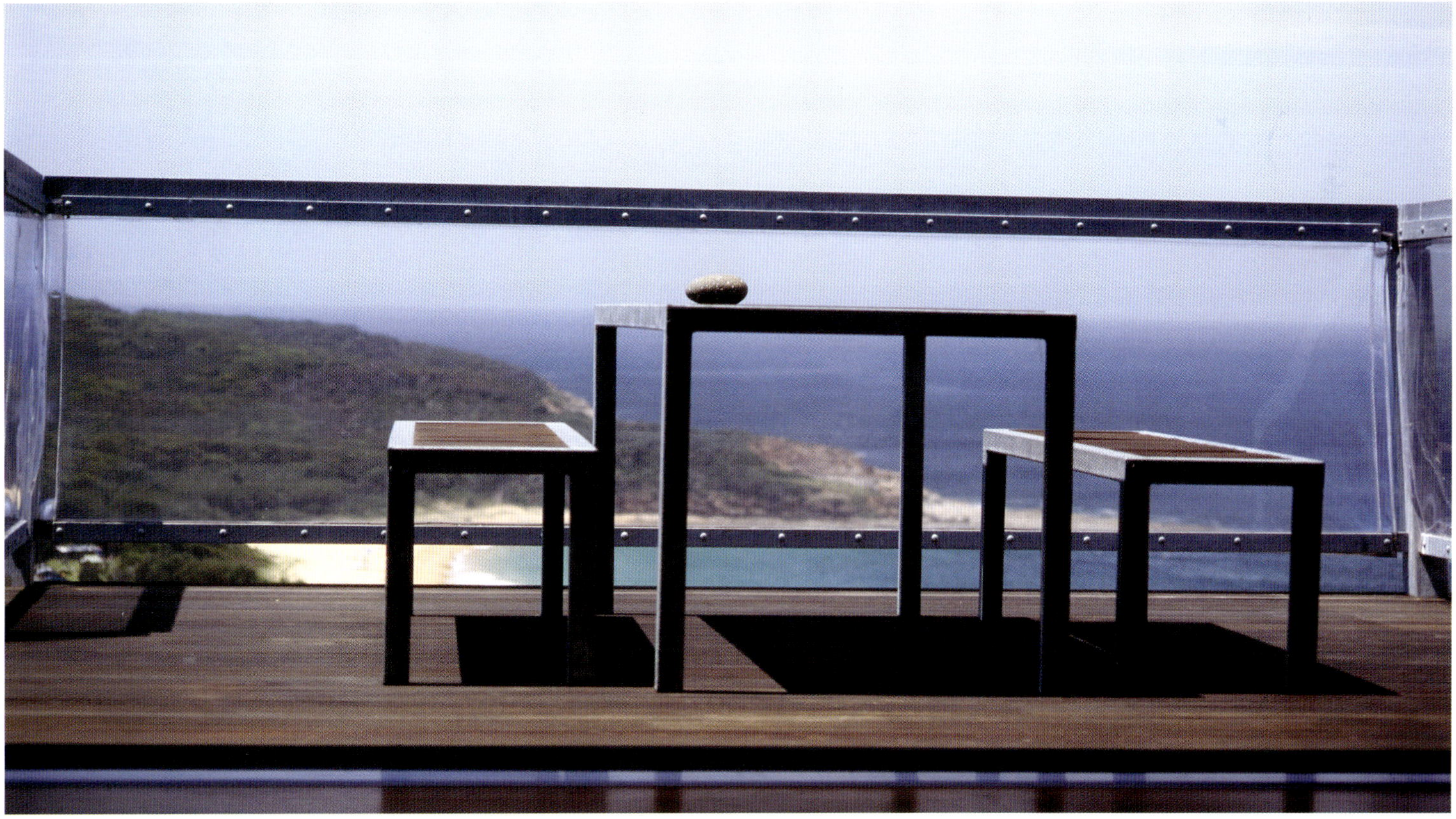

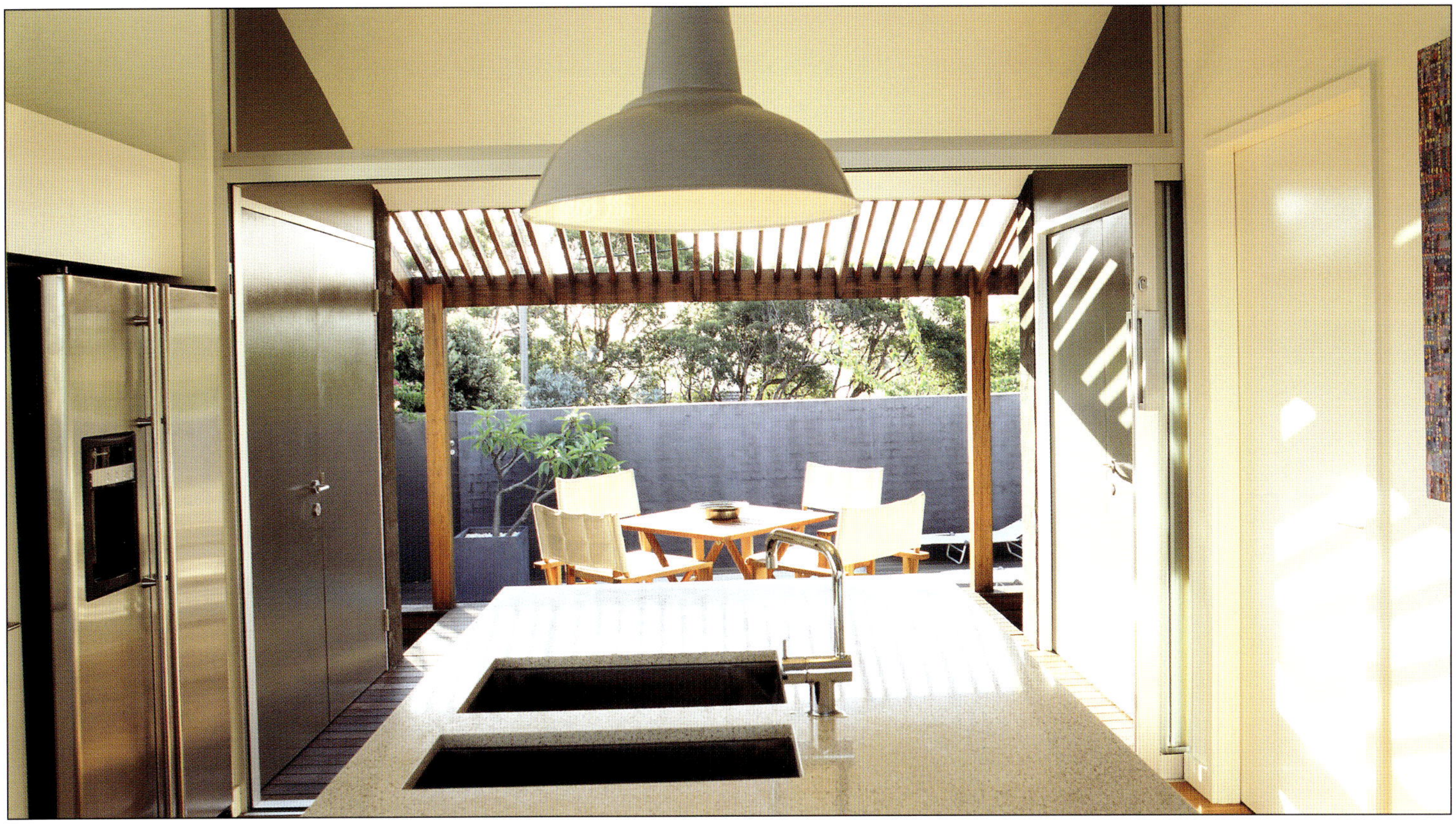

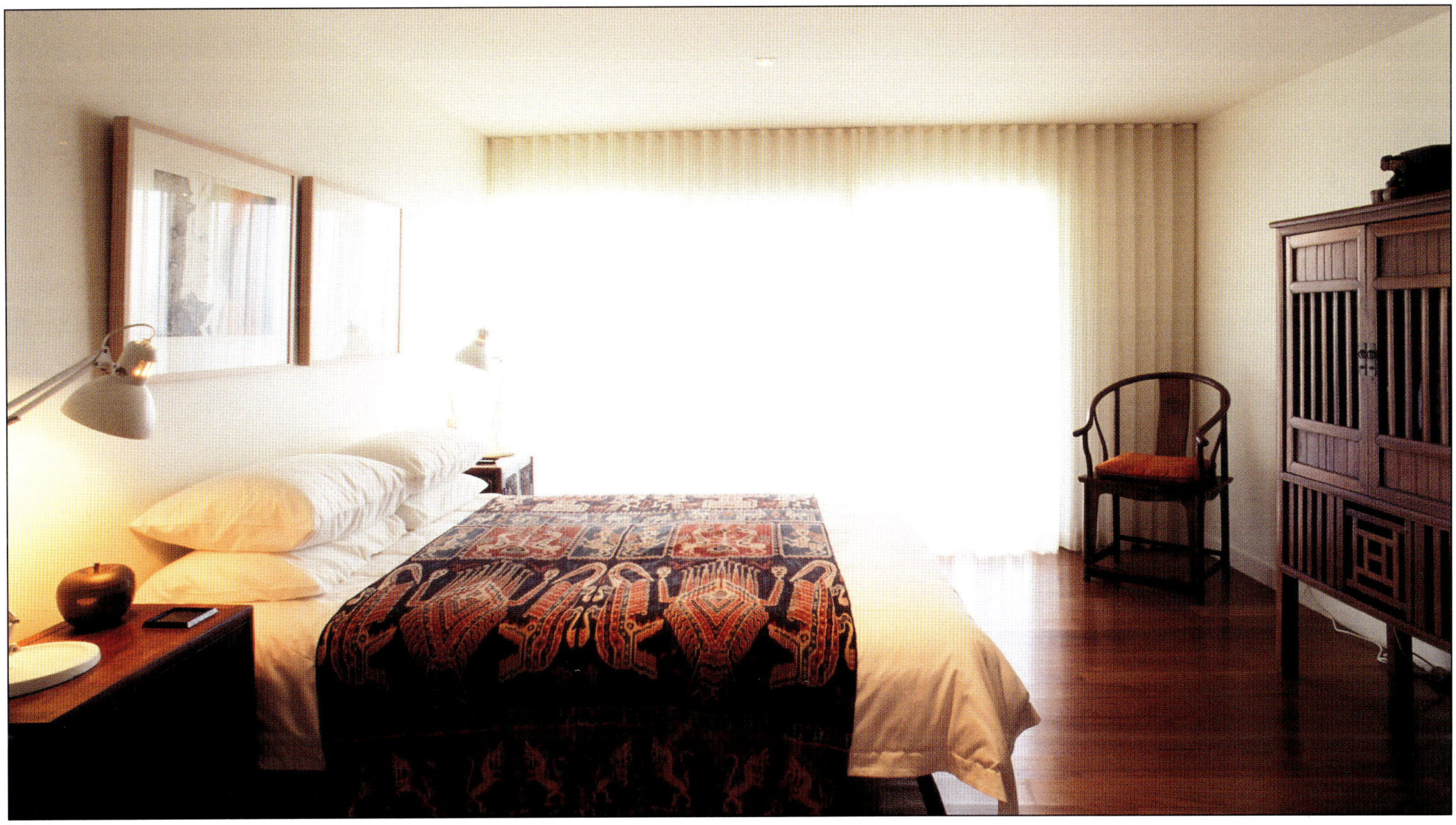

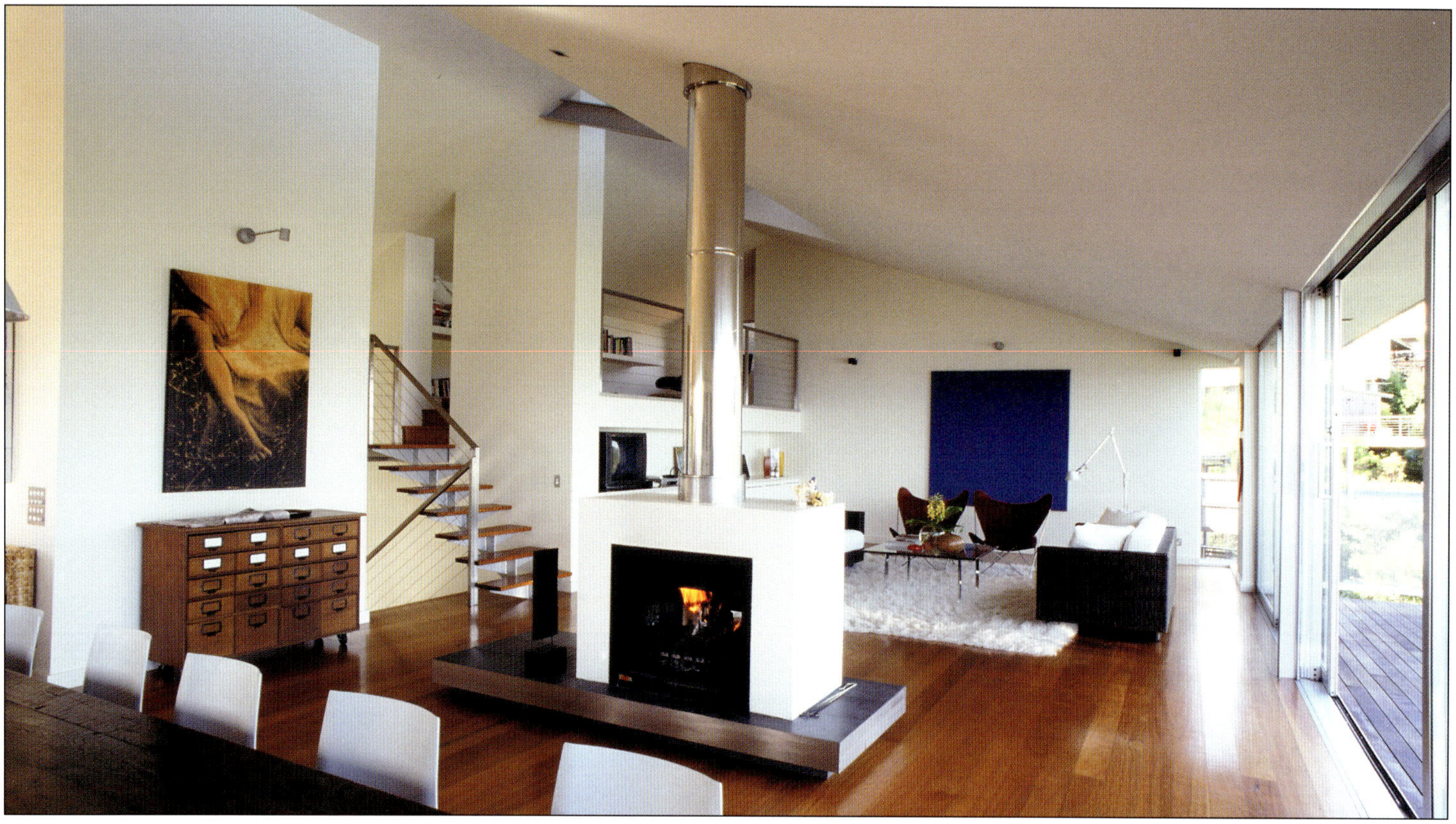

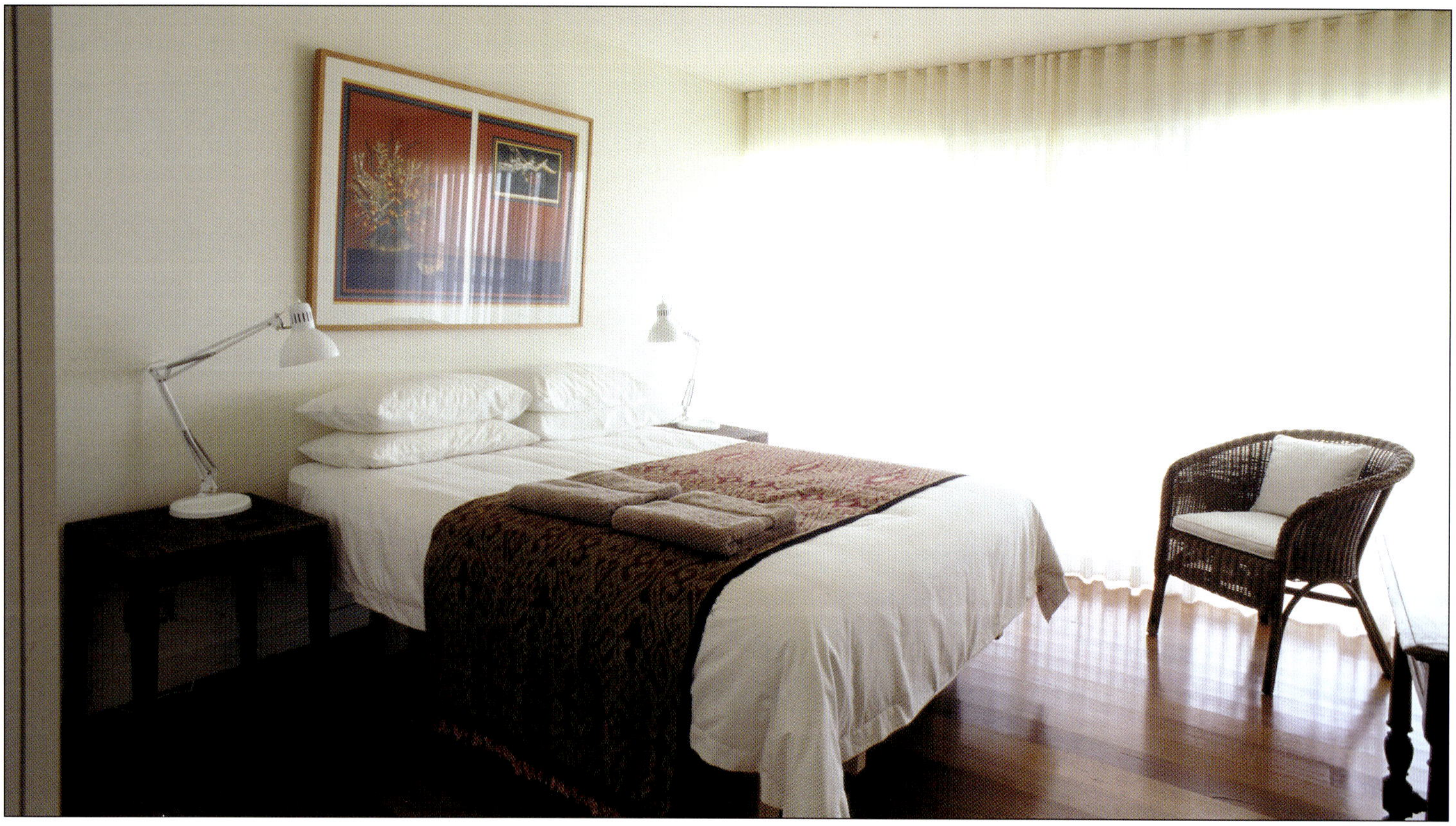

Barclay & Crousse
Casa Equis

La Escondida, Cañete, Perú

Para poder vivir en el desierto de la costa peruana, en un vacío infinito en el que el mar puede llegar a ser percibido como su simple prolongación, los arquitectos propusieron que la arquitectura debía "domesticar" el "orden absoluto" del paisaje desértico evitando traicionarlo o negarlo. Para lograrlo se optó por una doble estrategia: la ocupación máxima del volumen edificable, y la definición de esta ocupación por un volumen "sólido" y no simplemente volumétrico: el resultado es un prisma puro, "encallado" en las dunas, que da la impresión de haber estado allí desde siempre. Este sólido "pre-existente" es "excavado" a lo largo del proceso de diseño, extrayendo materia para ir creando y descubriendo simultáneamente sus espacios, en una lógica sustractiva que es llevada a todas las escalas del proyecto.

El acceso a la vivienda se realiza por un umbral que une y separa el espacio infinito del desierto y el espacio íntimo del patio de entrada. El patio se prolonga hacia el Océano por una gran terraza concebida como una "playa artificial", que se relaciona al mar y a su horizonte a través de una larga y estrecha piscina. La cubierta, un gran plano horizontal que abarca el ancho de la parcela, enmarca el paisaje marino y aloja la sala de estar-comedor, separada de la terraza por una mampara corrediza en cristal templado.

Una escalera que sigue la pendiente del terreno une el nivel de entrada a los dormitorios bajo la gran terraza. El descanso intermedio distribuye el resto de los dormitorios, protegidos del sol por el *deck* de la terraza. Al final de la escalera, la piscina cubre un balcón sobre el mar, desde el que se accede al dormitorio principal.

Los colores ocres-arena, utilizados frecuentemente en construcciones precolombinas y coloniales de la costa peruana, evitan el "envejecimiento visual" del edificio por efecto del polvo que el viento del desierto impregna en las construcciones.

La lejanía entre el estudio de arquitectura de París y la obra obligó a racionalizar enormemente el sistema constructivo, y detalles fueron reducidos a lo esencial y simplificados al máximo para ser realizados por la mano de obra local sin una supervisión directa.

Fotógrafo: J.P. Crousse

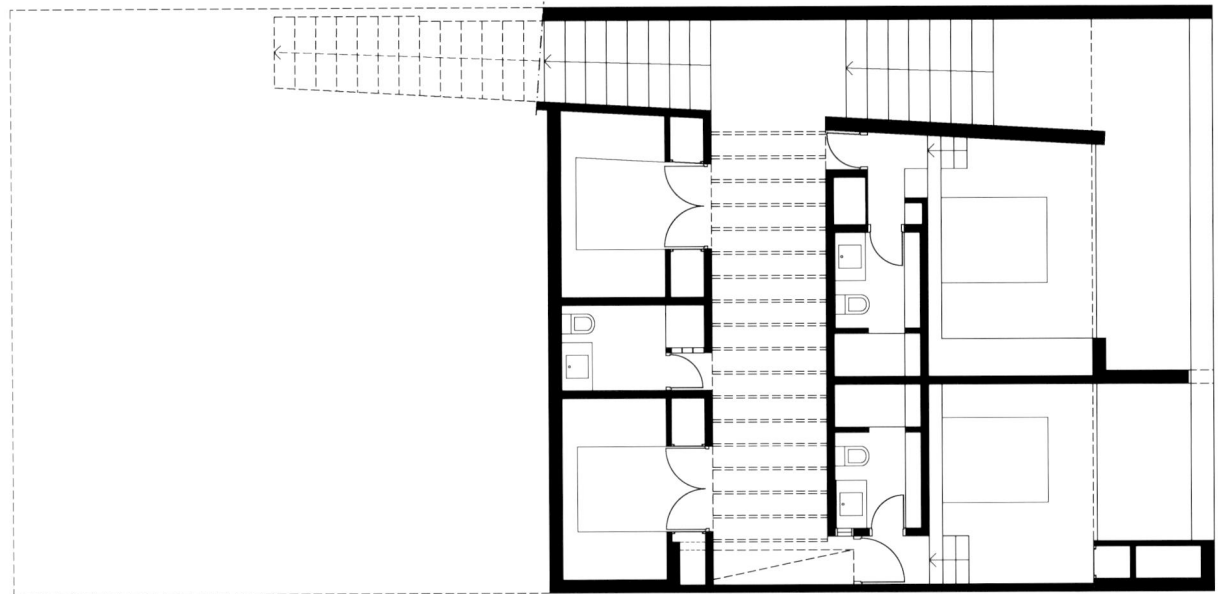

Planta baja

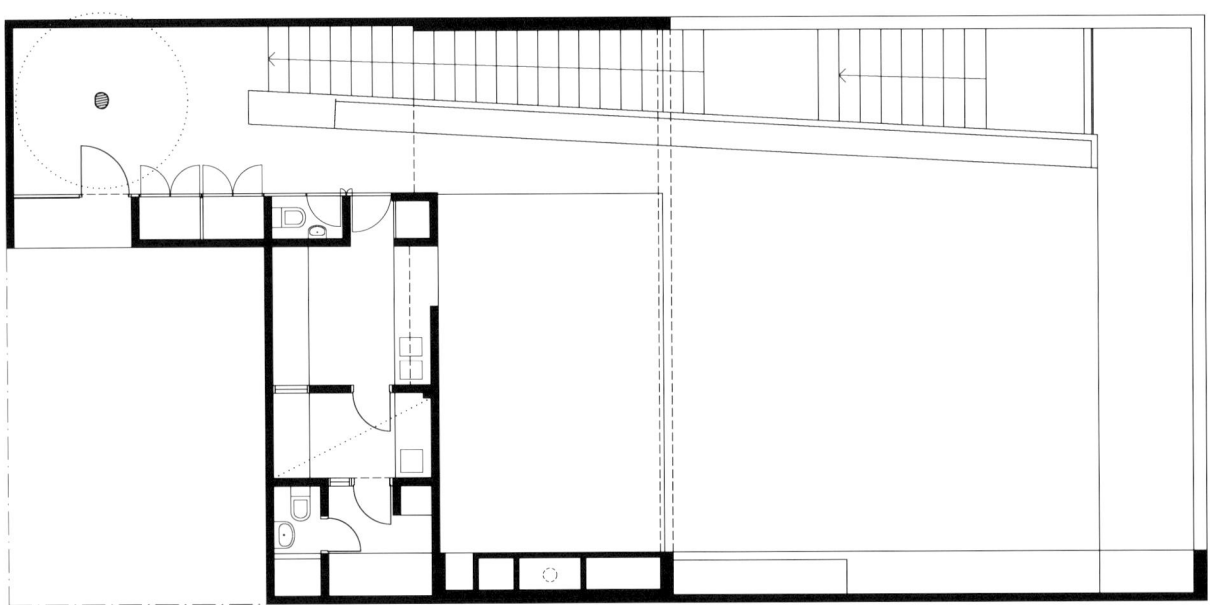

Planta alta

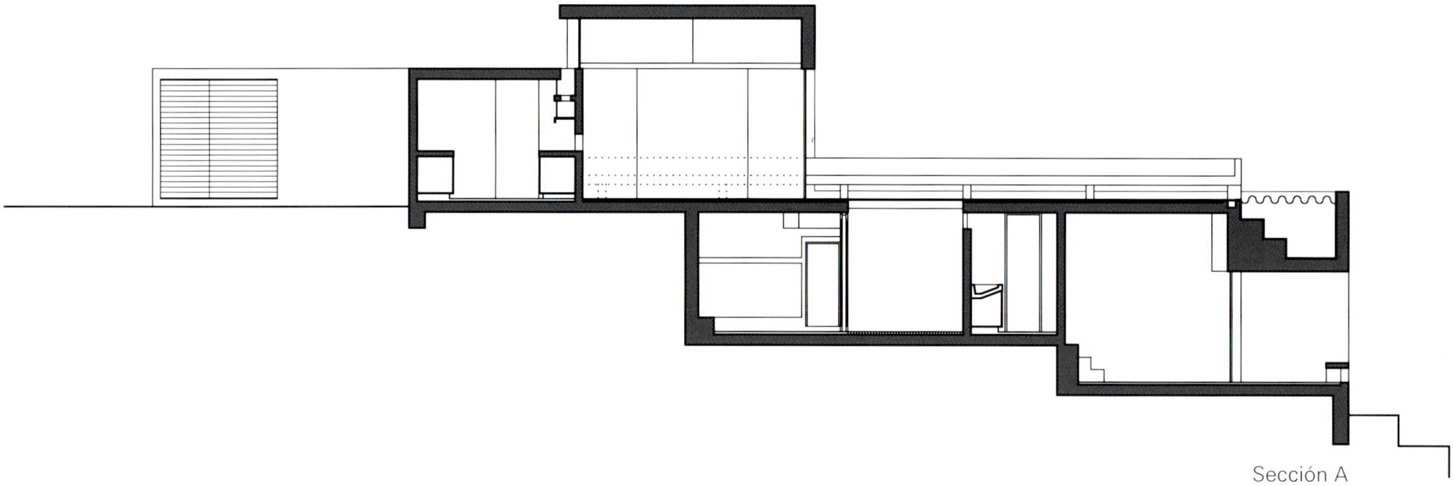

Sección A

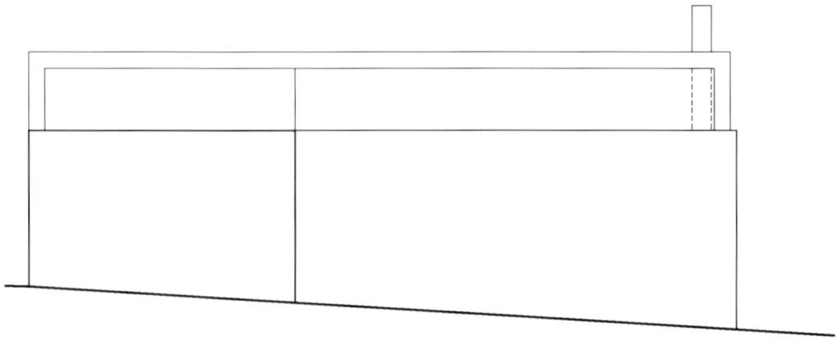

Alzado este

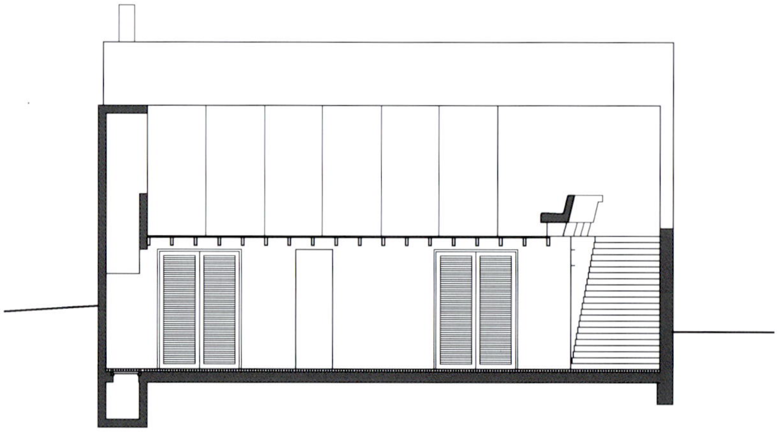

Sección B

0   5

230

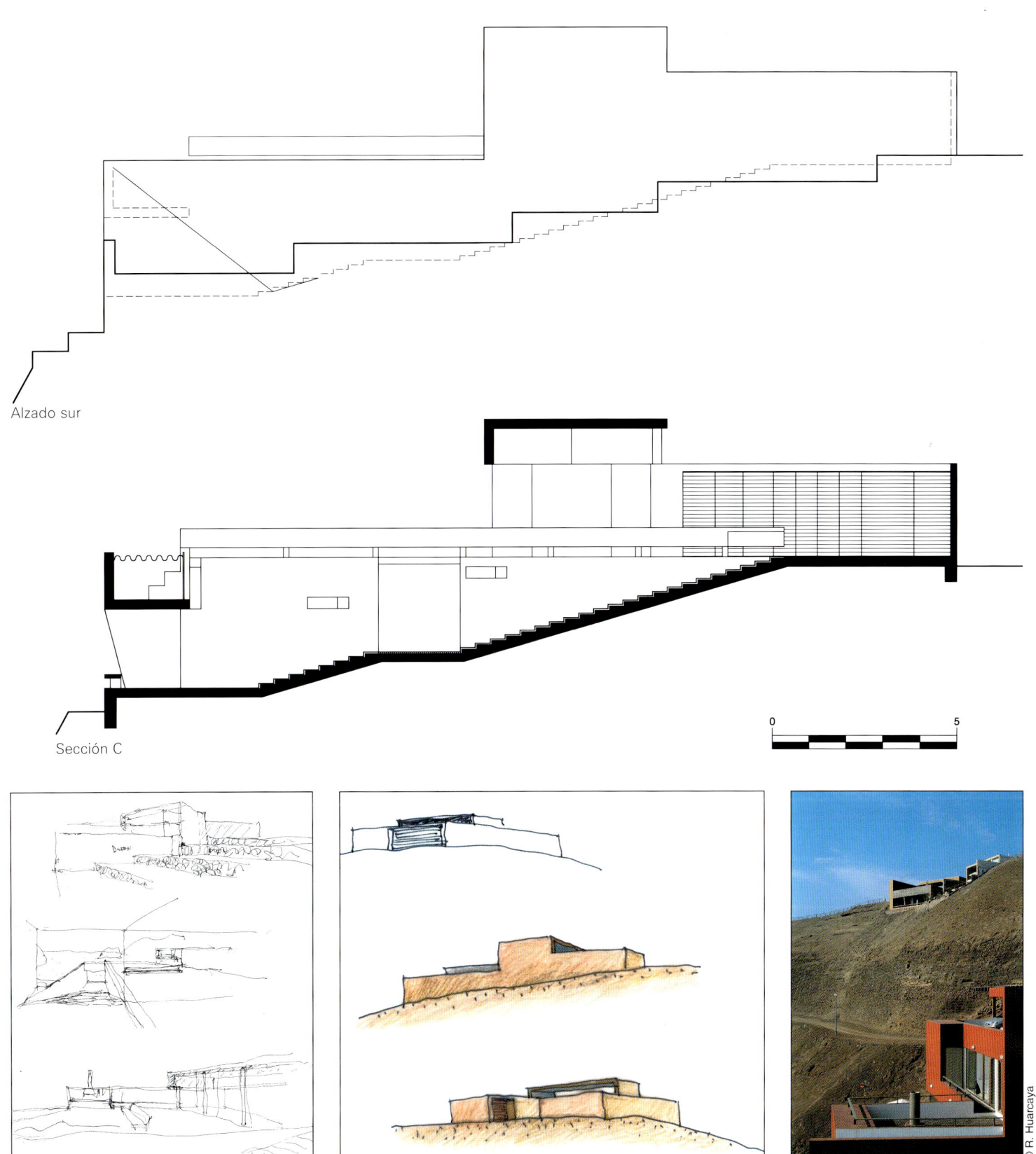

Alzado sur

Sección C

0   5

© R. Huarcaya

231

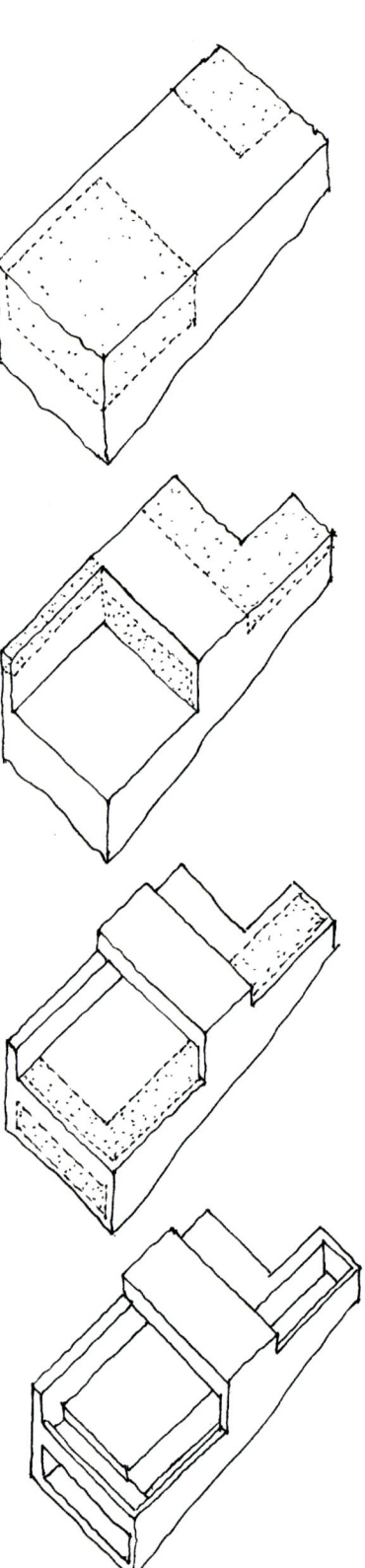

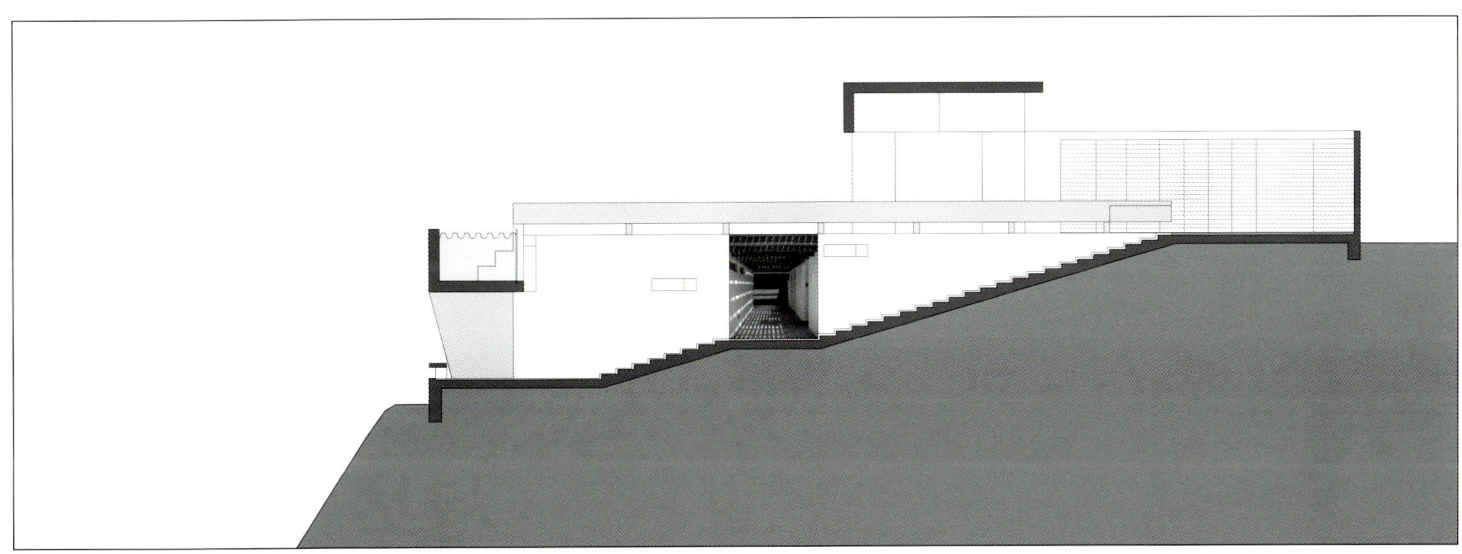

TERRACE
POOL
PATIO - PERGOLA
BEDROOM
LOGGIA

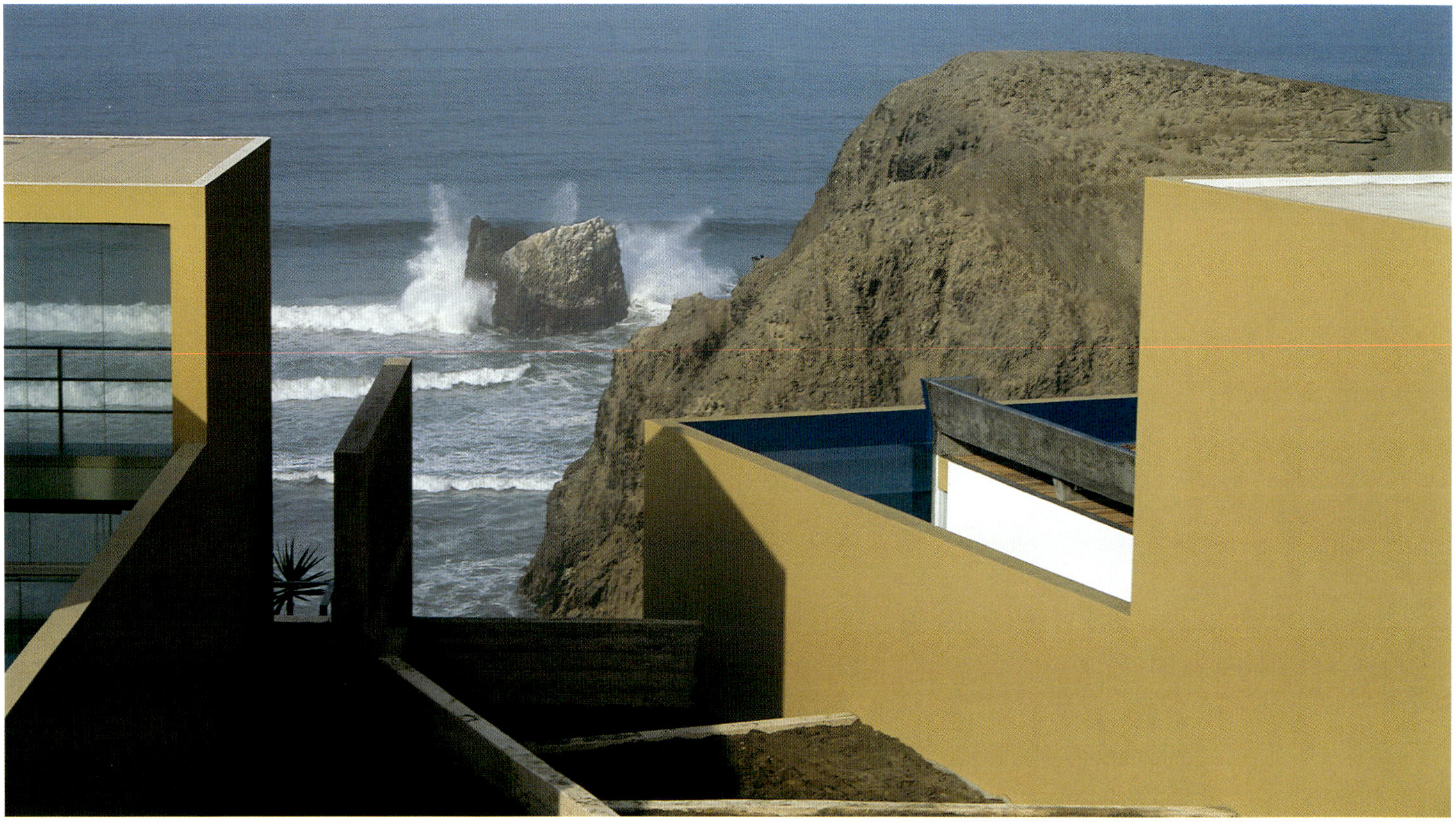

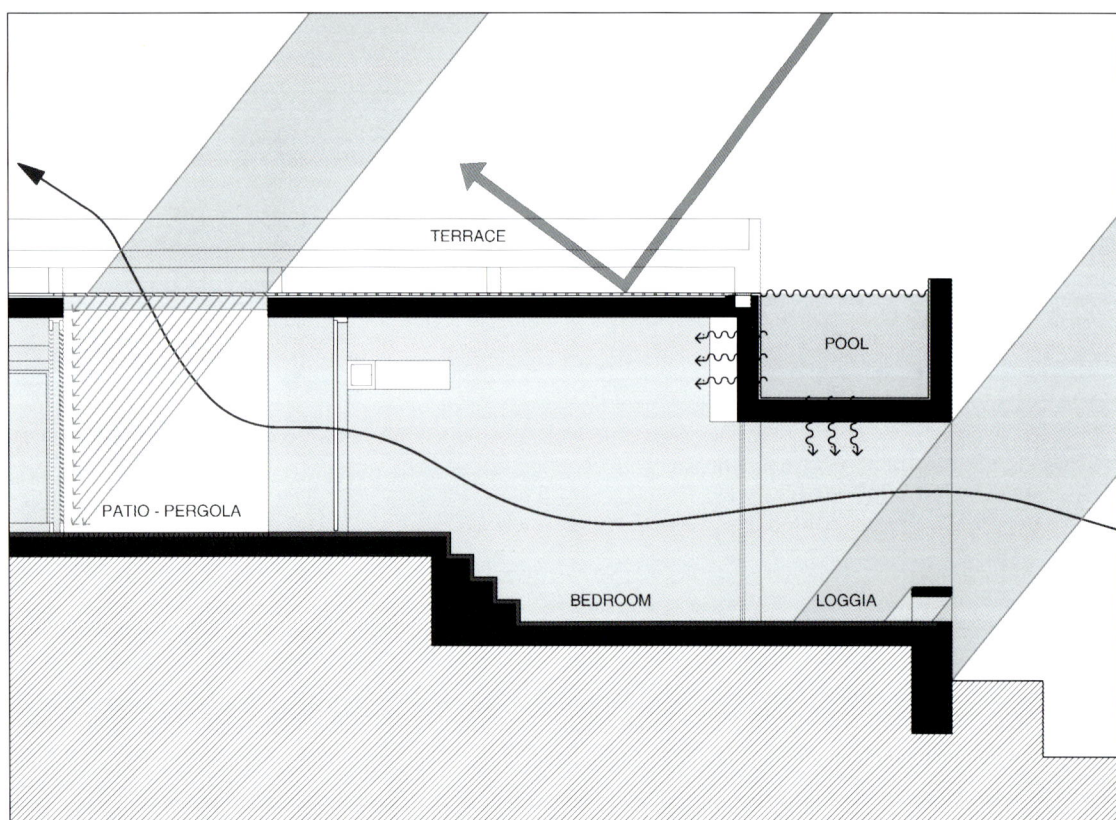

Los arquitectos decidieron crear la intimidad necesaria para poder habitar el desierto, haciendo que el resultado se integre a este paisaje tan fuerte y a la vez tan sensible a los objetos que alteran su orden omnipresente.

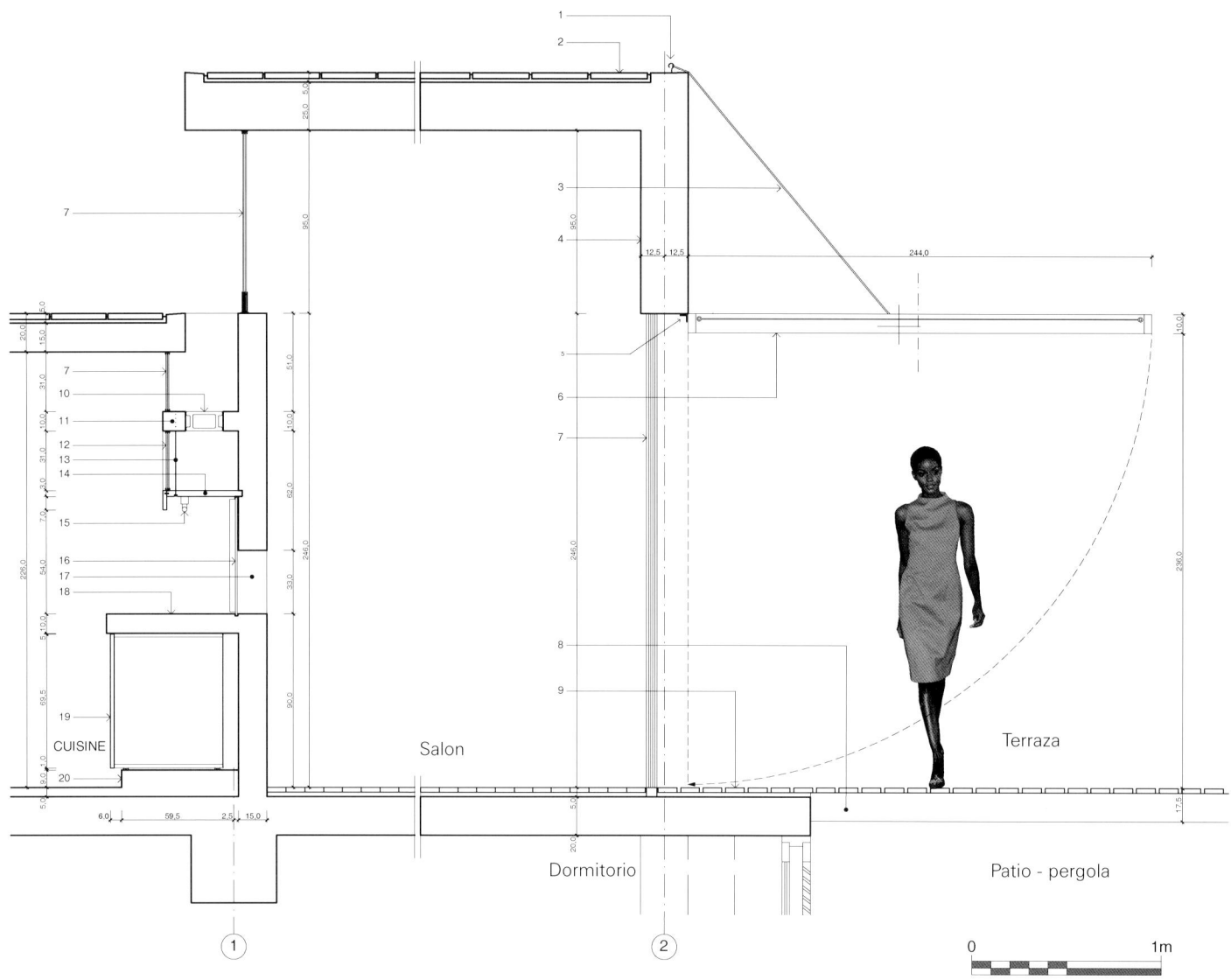

1. Anclaje de acero inoxidable

2. Baldosas de cerámica 30 x 30

3. Tensor- -cuerda de nylon

4. Viga de hormigón, enlucido y pintado de blanco

5. Bisagra

6. PANTALLA SOLAR PIVOTANTE:
estructura de aluminio lacado + tejido permeable

7. Paneles deslizantes en cristal temperado

8. Viga de madera 15x 5 cm

9. Láminas de madera 10 x 4 cm espaciados 2 cm

10. Ladrillos de cristal 20 x 20

11. Baldosa de hormigón pintado

12. Deslizantes en cristal traslúcido

13. Estructura de soporte del mueble

14. Mueble alto lacado

15. Fluorescente tono cálido

16. Puertecilla deslizante

17. Aparador

18. Superficie de trabajo de cemento pulido

19. Puerta de acero inoxidable

20. Suelo y repisa de cemento pulido

La ambiigüedad entre los espacios cerrados y abiertos dentro del recinto se llevó al máximo, y cada zona se cualificó por su distinta relación con el cielo o con el mar.